宗教を再考する

中東を要に、東西へ

武藤慎一
Shinichi Muto

keiso shobo

宗教を再考する

中東を要に、東西へ

目　次

凡 例

語句の原語表記が必要な場合は、原則として当該語句のあとに（　）を付して、その中に言語名を略号で記してから表記した。略号は、次の通りである。

英　英語
希　ギリシア語
独　ドイツ語
仏　フランス語
羅　ラテン語

なお、ローマ字表記の言語はそのままローマ字表記で、それ以外の言語は片仮名表記で記した。これ以外の言語名は、略号を使用しなかった。内容によって、必ずしも原語の表記を必要とせず、英語で表記してもよい場合は、読者の便を考えて英語表記で代表させた。

漢文は、日本語化されていない文の場合、原則として「　」内に書き下し文で現行の漢字で引用し、そのあとに（　）内に原文を付した。ただ、日本語化されている単語や短い句を中心として、そのまま使用した場合もある。日本語の古文は、原則として原文のまま引用したが、振り仮名は現行の仮名遣いにした。

序章

（1）今、なぜ宗教再考か

宗教とは何か。これが、宗教を学問的研究の対象とする宗教学[1]の課題である。ただ、これを問うとただちに、言葉の問題が生じる。私たちが普段、日本語で「宗教」と言うとき、まっさきに思い浮かぶイメージはどのようなものだろうか。多くの場合、キリスト教、イスラム教（イスラーム）[2]、仏教といったものだろう。あるいは、新興宗教や先住民の宗教といった小規模の宗教も、それに加わることだろう。いずれにせよ、一般の日本人にとってごく普通の存在というより、特殊なものであり、少なくとも普段の生活には直接関わりのない、あるいは関わりが薄いものである。つまり、もともと自分にとっては関心のないもの、あってもなくてもよいものである上、たまに「宗教」という言葉を耳にするのが、「カルト宗教」[3]などの犯罪や事件にからむ報道や「既成宗教」に対する批判など、その悪い点が語られる場合が多いマスコミなどからとなると、どちらかと言うとマイナスなイメージのもの、相対的に価値の低いもの、ということになる。これを狭い意味での「宗教」とする。

しかし一方では、ひとたび目を外に向けてみると、事情は一変する。現在の世界で、宗教は依然として大きな影響を与えている。いや、全体的に見れば昨今、ひところに比べてその影響力を増している。宗教を理解することなしに、世界の現状を把握することは不可能とさえ言えよう。多くの場合、まさに一般の人々の日常生活に直結する、最重要なものの一つである。毎日の飲食物の規定をはじめ、毎日の生活サイクル、祭日（休日）をはじめとする暦の成り立ちや町並みの形成、ライフサイクルでは子供が生まれたさいの命名の仕方からはじまって、冠婚葬祭、福祉施設、墓地にいたるまで、地域（コミュニティー）の宗教と多かれ少なかれ、関連している場合が多い。もちろん、個人レベルでは宗教観が悪い場合が多々あっても、社会レベルでこのような環境に置かれていれば、好むと好まざるとにかかわらず、自分だけ無関係ではいられないもの、なのである。日本を一歩外に出るとこういった状況なのだから、ますますグローバル化が進む現在、世界レベルでも同様に日本だけ無関心のままではいられないだろう。つまり、たとえ一生、日本国内だけで生活していくとしても、すでに日本社会が全体として世界との密接な関わりの中で成立している以上、個人の関心の有無にかかわらず、もはやまったく無関係ではありえない。したがって、本書でも日本だけではなく、世界的な観点から宗教を取りあげたい。

ただ他方で、宗教は「日本人にとって否応なしに避けては通れないが、本質的には無意味の問題」というわけでもない。むしろ、そう思えるのは、ただたんに語句の問題だとも言える。日本語の「宗教」という言葉自体が、否定的なニュアンスを帯びた語句であるから、実は否定的なものを否定しただけ、のことなのである。明治時代になって、それまでの仏教や儒教に代わって国家神道が日本全体の正統な「宗教」になったあと、「神道は宗教にあらず」とされ（井上哲次郎ら）[4]、新しい用語「宗教」には、国家神道は含まれないことになった。廃仏毀釈をへた仏教をはじめとする、キリスト教や新興宗教など、それ以外の宗教だけが「宗教」とよばれた。昔からあった「宗」や「教」それぞれは、マイナスの意味の語ではなかったが、この二つが一緒になった「宗教」となると、実質的に使われはじめた明治時代から、すでにマイナスの意味を帯びていた。それに対して、「神道」のほうはプラスの意味を帯びていた。

その後も、ますます宗教の社会的地位は低下し、普通の社会生活には格別必要でない、特別なものに落ちていった。第二次世界大戦が終わって、制度上はこの国家神道の特権的な地位は失われたが、「宗教」という日本語の帯びたニュアンスは変わることなく今日にいたる。民俗学の折口信夫[5]は、神道自体の宗教化を目指したが、これは果たされなかった。結局、この状況は世代によって異なるないどころか、若い世代のポップ・カルチャーのほうが一昔前の「科学主義」[6]の影響が強かった世代の文化よりも、日本の伝統的宗教性に加えて、現代のグローバル化している宗教性も含む宗教的表象にあふれている。ただ、その事実を「宗教」という語でよんでいないし、「宗教」と認識していないだけなのである。そういうわけで、現在最も一般的な宗教的アイデンティティーは、「無宗教」となったのである。

しかし、日本以外では、日本宗教（神道）はもちろん宗教に含まれる。したがって、日本人は十分に宗教的に見えるのである。いずれにせよ、宗教学も現代の他の多くの学問分野と同様に欧米起源だが、その場合の「宗教」は、もちろん否定的な語彙ではなく、肯定的なものも含む多様なニュアンスを持つ、より中立的な語彙である。たとえば、どんな「未開」社会でも、宗教のない社会はなかったという意味で、宗教的能力を持つ動物という意味の「宗教人（羅 homo religiosus）」（ミルチャ・エリアーデ[7]）は、他の動物と区別される人間の本質の定義として使われるが、この中には当然、日本人も含まれる。もちろん、この場合の「宗教心」や「宗教力」は、肯定的な意味で使われている。

したがって、宗教学の専門的語彙としての「宗教（英 religion）」と一般の日本語の「宗教」との間には、大きなニュアンスの差がある、ということになる。現在の「宗教」の狭い語義範囲では、神道をはじめとする宗教学上の「自然宗教」[8]を「宗教」とせず、仏教をはじめとする「創唱宗教」[9]だけを「宗教」とよぶのである。先述の「無宗教」も、「宗教」自体の意味が異なるのであるから、実は「非創唱宗教」の意味であって、ただたんに「特別な宗教には、入っていません」、「普通です」と言っているだけなのである。したがって、「非自然宗教」（非日本宗教）の意味ではなく、ましてフランスをはじめとする西洋の「非宗教性（仏 laïcité）[10]」や「無神論（英 atheism）[11]」とは、まったく異なるのである。西洋では、これらはキリスト教をはじめとする強力な宗教の存在を前提として、それに対する強い反応なのだが、日本の状況とはまったく異なるからである。だからといって、宗教学の「宗教」に相当するような、他の語句が日本語にない以上、それに当たる広い意味の「宗教」を表すには、ひとまず「宗教的なもの」（デューイ）[12]や「宗教性」とでも、表現せざるをえないだろう。

さらに、ますます複雑化している現代社会では、宗教的状況を考察するためには通常、「宗教」という名がついているものだけではなく、アメリカに亡命したドイツ人宗教学者パウル・ティリッヒ[13]が提唱した、「擬似宗教（英 quasi-religion）」や「準宗教（英 semi-religion）」（宗教と似ているものや宗教に近いもの）という概念が有効だが、日本の状況の場合は特にそう言える。たとえば、科学を絶対視したりする立場、科学至上主義[14]や再聖化[15]した心理学なども、擬似宗教に含まれる。この場合に有効な指標は、ティリッヒが人々の側の関心事によって宗教を定義した「究極的関心（英 ultimate concern）」である。ただ、この機能的定義を中心にすえると、芸能界のアイドル信奉や拝金主義など、宗教的なものは際限なく増えていくことになる。そこで、本書ではまずは日本語の定番の意味での「宗教」（狭い意味での宗教）を重点的に扱い、その上でその「宗教」のようなもの、つまり「宗教的なもの」や「宗教性」（広い意味での宗教）に視点をひろげていくことにしたい。

しかし、宗教学の研究対象としての宗教を考える前に、研究主体としての宗教学そのものを考察しておく必要があるだろう。というのも、先述のように近代的学問としての宗教学は、西洋（厳密に言えば、西欧）発祥のものであるから、ポストコロニアリズム[16]に訴えるまでもなく、今日では学問対象と学問方法の間の齟齬《そご》の問題があるのは、自明だからだ。宗教学が対象とする狭い意味での宗教は、中東を中心とする非西洋発祥のものであるのに対して、それを扱う主体や方法は、西洋近代特有のものだった。しかし、現在では宗教学が誕生した一九世紀後半（一八七〇年代前後）とは異なり、オリエントを見る西洋の知的まなざしの偏向（オリエンタリズム）[17]が指摘されて、すでに久しい。したがって、普遍性神話が崩壊した西洋的前提が、非西洋の宗教を考察する枠組みに、知らず知らずに紛れこんでしまう危険性が高い。

もちろん、本書も西洋を中心とする様々な先達に多くを負っているが、その問題のほうは乗りこえていく必要がある。西洋近代の優れた面は残しつつも、それを研究対象に、より即したものに改善していく余地がおおいにある。具体的には、西洋近代の学問が標榜する「客観性」と研究対象である宗教独自の「主体性」（主観性）の双方をうまく生かせれば、理想的だろう。そこで本書は、宗教と非宗教の間に立って、宗教を問うことにする。もとより、解釈学者のガダマー[18]が語っているように、どんな研究者であっても無色透明、中立の立場から、まったく無前提に研究することなど不可能である。だが、渦中の西洋や中東よりは、日本を含むそれ以外の研究者のほうが、主要な宗教の直接的な当事者たちから距離がある分、より有利な位置にいる、とまでは言えるだろう。

特に、西洋的視点からの他者のラベリング（ラベル貼り）、概念化は、他者それ自体に即していない可能性が高くなるので、できるだけ避けたほうが望ましい。それが、西洋ですでに「常態」化、「定説」化したものであればあるほど、安易に他者に当てはめないほうがよいだろう。そのような外側からの表象、決めつけをいったん、括弧の中に入れて、それ以外の可能性を積極的に考えるのが望ましい。具体的には、古代ギリシアを起源とする西洋哲学の基本的枠組みや概念は、西洋のキリスト教神学の基礎にがっちりと組みこまれているが、ひとたびこれが他者にそのまま適用されると、事柄に即していないところへの無理やりの押しつけになり、大きな誤解の元になる可能性が高い。かつては、同じ中東起源のイスラム教へのギリシア哲学の適用も、おおいにおこなわれたことがあるが、もちろん一定の成果は得られたものの、本質的に成功したとはとても言いがたい。

そこで本書では、ヨーロッパ以外のそれぞれの宗教が根ざす地域の違いを尊重して、これを宗教を扱う大枠として採用したい。自然も含む地域性の文化への影響を強調した「風土」（和辻哲郎[19]）には、もちろん宗教も含まれるからである。たとえば、神道を中心として、民間信仰を含む日本の風土に根ざした宗教を「日本宗教」、儒教・道教・中国仏教を中心として中国の風土に根ざした宗教を「中国宗教」、といった具合によんでいく。同様に、ヒンドゥー教を中心とする「インド宗教」、サハラ砂漠以南のアフリカ土着の部族宗教を中心とする「アフリカ宗教」、ネイティブ・アメリカン（アメリカ先住民）の宗教を中心とする「アメリカ宗教」、アボリジニの宗教を中心とする「オーストラリア宗教」、キリスト教を中心とする「ヨーロッパ宗教」などと、できるだけそうしていきたい。ただし、この場合は、第三章（2）で詳しく扱う、特定の風土を超えた「普遍性」を標榜する「普遍宗教」の扱いが難しくなる。そういった場合は、逆に西欧地域を中心とするキリスト教を「西方キリスト教」、東欧地域以東のキリスト教を「東方キリスト教」、ヨーロッパ地域全体のキリスト教を「西洋のキリスト教」などとよぶことにする。

　より具体的には、私たちはどのような方法をとればよいのだろうか。本書では、非宗教の側から宗教を一方的に決めつけるようなことをせず、逆に宗教の側から非宗教に主張を押しつけるようなことも避ける。むしろ、非宗教の側の問いに対して、宗教の側が自らを理解した自己理解を理解しようと試み、その理解したことをできるだけ一般的な言葉、つまり非宗教的な言葉で表現しようと試みる。いわば、まったく違う世界にいる二人の間に立って、その本当に言わんとすることをできるだけ相手に分かるように伝えようとする通訳者、翻訳者のような働きである。このような双方向的対話、相関による研究方法を解釈学的方法という。本書のタイトルは、もともと『宗教再考』にしようと考えていたのだが、これも「（私たちが）宗教を考える」のはもちろんのこと、その前提としてすでに「宗教は考える」、「宗教が（自らを）考える」ことも含み、したがってさらには「宗教と考える」や「宗教で考える」、「宗教へと考える」、「宗教から考える」などの派生的意味も持ちうる。そのような思考をへて、再び「（私たちが）宗教を考える」ことになるので、これはたんなる一方的な「客観的描写」ではなく、「宗教を再考する」ことになる。

(2) 要としての中東

さて、本書ではこのような方法を宗教に対して適用していくのだが、具体的にはどの宗教を取りあげたらよいのだろうか。宗教を解明するには、他の多くの著作と同様に、主要な宗教を網羅的に少しずつ叙述していく方法もあるだろうが、それでは当然のこと、各宗教への理解はどうしても浅薄に、全体としても平坦なものになってしまう。すでに一つの宗教でも、十分に理解している場合は、そのような方法も有効だろうが、日本での一般的な現状のようにまだ一つも理解していない場合、表面的な情報を手に入れただけで結局、宗教の本質的な部分にはまったく触れずに終わることになりかねない。また、必要ならば、すでにあるそのような著作を十分に参照可能であろう。そこで、本書ではそのような方法はとらない。むしろ、メリハリをつけて、まずは世界の主要宗教の中心にせまり、その上でこれとその他の諸宗教や宗教性との関係を比較検討していく。

従来は諸宗教を比較する場合でも、前述のように西洋発の比較宗教学では当然のことながら、西洋の宗教を暗黙の前提にして、その既成のカテゴリーをまったく別の宗教に適用して、比較の基準にしたものが最も多かった。これでは、比較する前から、大きく偏った結果になることが予想できる。日本をはじめとする東洋の視点からの比較では、逆に仏教をはじめとする東洋の宗教を基準にして、西洋の宗教と比較するものが多かった。この場合、東洋と西洋とでは距離が遠く、実際に互いに接触した歴史が比較的浅いので、とかく抽象的、理論的な比較で終わる可能性が高い。いずれにせよ、井筒俊彦[20]のような例外を除いて、東洋と西洋の間に位置し、特に宗教的観点で重要な中東の宗教に即した比較が弱かったのである。もちろん、最近では日本でもイスラム研究が進み、それに伴ってイスラム教を中心にすえて、他の宗教と比較するものも、徐々に増えてきている。しかしながら、中世のキリスト教世界との接触の歴史や近現代の政治・経済・文化の比較が中心で、宗教の中身、中心どうしを本格的に比較するのは難しかった。また、イスラム教のカテゴリーを他宗教に適用しても、西洋発や東洋発の比較の二の舞を演じることになってしまう。これは、比較するための、よい接点が少なかったからだと思われる。まして、西洋の宗教に比較して、実際に直接出会って深い関わりを持つことが少なかった東洋の宗教とは、本格的な比較が困難だった。

そこで、注目すべきなのが中東の「アブラハム宗教」である。ユダヤ教、キリスト教、イスラム教の三宗教は「アブラハム宗教」とよばれ、相互に関係があり、多くの共通点も持っている。なぜ、これが「アブラハム宗教」とよばれるかについては、第三章（2）で扱う。ユダヤ教はアブラハム宗教の大本として、最も長い歴史があって重要であり、次のキリスト教も現在、世界最大の宗教人口を擁し、西洋で主要な宗教として最大の勢力を持っている。最後に成立したイスラム教は現在、発祥の地の中東で最も主要な宗教であると同時に、世界にひろがる普遍性も持っている。だからといって、そもそも宗教学は、仏教をはじめとする東洋の宗教と西洋が出会うことではじまったのだから、キリスト教とイスラム教に並ぶ、三大宗教に含まれる仏教や中国宗教などを取りあげないわけではなく、まずはアブラハム宗教を軸にしながらも、特に第三章でそれらとの関係を比較検討することにしたい。

さて、本書が要とするアブラハム宗教の故地、中東であるが、現在の世界情勢における中東がしめる重要性は言うまでもないが、それを深く理解するとなると、いまだに大きな困難がつきまとっている。特に、「イスラム文化圏」としての中東理解のためには、宗教が最も重要な要素の一つであることは、論をまたない。前述のように日本では政治経済、地理歴史、言語文化など他の方面の理解が相当進んできたものの、ことアブラハム宗教に限れば、その本質的理解にいたってはいない。とりわけ、現在の国際社会において最も主導的な役割を果たしている、いわゆる「キリスト教文化圏」と「イスラム文化圏」の相互関係は、遠い「東アジア文化圏」に比べて互いに近いものどうしなので、その細かい違いや相互のすれ違いまでを理解するのは、より困難であろう。

ただ、紙幅の都合もあり、本書ではこのアブラハム宗教すべてではなく、その中心に的をしぼって詳しく扱うことにしたい。この中で最大の、西洋化したキリスト教は、本来中東の宗教であるアブラハム宗教の中心とは言えない。もう一つの大きな宗教のイスラム教は最も後発であり、徹底した一神教であるが、それゆえにキリスト教との差異は大きい。最古のユダヤ教は、キリスト教が成立した後も、長い歴史の中で独自の発展を遂げたため、現在のキリスト教との差異が大きい。その点、イスラム教のほうが共通点も多いが、イスラム教はユダヤ教だけではなくキリスト教の影響で成立したので、ユダヤ教だけで三宗教の中心とは言いがたい。かといって、ユダヤ教成立以前の古い宗教、「ヘブライ宗教[21]」は現存せず、二千五百年以上前の宗教を詳しく再構成するのは困難である。

つまり、このアブラハム宗教の中心は発祥の地、中東にあって、三宗教すべての接点として密接に関係し、なおかつ内容的にも本質をとらえている必要があり、さらに欲を言えば、縦のつながり（中東内での歴史的影響関係）と横のひろがり（他地域の宗教との接触関係）も大きいものがあれば、理想的であろう。このような条件を満たす宗教が、実際にあるのだろうか。日本ではほとんど知られていないが、それが存在するのである。それは、シリア・「キリスト教」である。先述の西洋のラベリングの問題は、一般には西洋の宗教のはずのキリスト教自体にも当てはまる。普通、「西洋のキリスト教」とラベリングされている存在は、地域としては西洋起源ではなく中東起源である。宗教の内容からしても、ギリシア宗教をはじめとするヨーロッパの宗教ではなく、中東のユダヤ教に由来している。一世紀のキリスト教成立後も、西方にも伝播したことは事実だが、発祥の地の中東でも今日にいたるまで存在し続けている。さらに、東方にも遠く東アジアにいたるまで、広く伝播した。したがって、もし「キリスト教＝西洋の宗教」とラベリングするなら、これもキリスト教全体の一部にしか妥当しないので、誤りということになる。中東をはじめとする非西洋のキリスト教の中でも、このシリア・キリスト教は特別重要な位置を占めている。

本書が採用した風土による特徴づけは、ゾロアスター教[22]を中心とした「ペルシア宗教」、「ヘブライ宗教」、「アラブ宗教」など、もちろん中東の宗教にも当てはまる。したがって、この地域文化の特徴を最も重視して、シリア・キリスト教もシリアの宗教という意味で、「シリア宗教」とよぶことにする。シリアの風土について具体的には、第一章（2）で触れる。ただ、「中東の風土」という場合に注意する必要があるのは、日本では和辻哲郎『風土』[23]の「沙漠型」という分類にしたがって、中東の宗教を「砂漠（沙漠）の宗教」などとよぶステレオ・タイプが今日でもよく見られるが、砂漠そのものには人間は住んでいない。それを言うなら、オアシスの宗教や都市の宗教とよばなければならない。

具体的には、歴史的「シリア（メソポタミア）」（一五頁を参照）は文明発祥の地であり、西洋でもなくイスラム教でもなく、その中間でありその核心でもある。そのシリア宗教は、先行するユダヤ教から思惟方法を受けつぎ、西洋のキリスト教と信仰対象を共有し、同地域のイスラム教の民族、言語、文化を超えた普遍的一神教文明の先駆となった。第一章、第二章はその視点からの宗教再考である。シリア宗教は現在までの二千年にわたる歴史の中で、中東だけではなく様々な宗教と接触した。第三章では縦軸に宗教史をたどりながら、横軸に比較宗教的なひろがりも追求した。シリア宗教は、歴史的、思想的、宗教的に非常に重要な割には、現在の政治的、経済的、社会的影響力は小さい。したがって、中東を中心とする各国にマイノリティーとして散在し、しばしば過酷な環境に置かれてきた。最近も、イラク戦争やシリア内戦が起こるたびに、大きな被害をこうむっている。そのため、現在では故郷を遠く離れて世界各地に離散（ディアスポラ）[24]せざるをえない状況も多く見られる。ただ、マイナス面だけではなく、欧米を中心とする移住先での新たな異文化交流によって、互いによい刺激を与えあうこともある。研究という視点からも、現実の宗教側からの圧力を特に感じることなく、純粋に内容をありのままに扱いやすい、というメリットもある。さらには、シリア宗教の場合、すでに前近代でほぼ確立された姿を扱うことができるので、西洋の近代性との比較をしやすいこともある。

さて、宗教学は別名を「比較宗教学（英 comparative religion）[25]」と言っていたことからも分かるように、必ず複数の宗教を念頭に置いて比較・検討する必要がある。今回は、シリア宗教と何を比較すればよいのだろうか。それは、まずは他のアブラハム宗教だろう。そのシリア宗教と他のアブラハム宗教との関係だが、中東地域の中心地の一つメソポタミアは、ユダヤ教の中心地でもあり、同時にシリア宗教の中心地でもあった。彼らは同じアラム語[26]を話す人々で、宗教は異なっても言語文化を共有していた。そのアラム人たちはキリスト教成立以前に、すでに二千年以上にわたって栄えてきた古代メソポタミア文明を継承していた。また、キリスト教はユダヤ教から生まれたものなので、もちろん多くの影響を受けている。創唱者のイエス・キリスト[27]や使徒たちも、主にそのアラム語を話した。アラム語は当時、中東で広く使用されていた共通言語で、キリスト教も主にそのアラム語圏で生まれたのである。その後も、現在にいたるまで同地域で存在し続けている。七世紀にイスラム教が成立して、その共通言語の地位はアラビア語にとって代わられたが、現在でも少数の人々に母語として使用されている。中東のユダヤ教でもキリスト教でも、その最初期からアラム語が長らく共通言語として使用されていたが、主にキリスト教で使用された方言をシリア語とよぶ。イスラム教に影響を与えたのも、主に西洋のキリスト教ではなく、このアラム語圏のキリスト教とユダヤ教である。言語文化の観点から、特にこの二つを「アラム宗教」とよぶこともできる。したがって、この三者が互いに似ているのは、当然のこととも言える。

（3）宗教と言語文化

言語文化的観点から見れば、アブラハム宗教の中で西洋のキリスト教だけが大きく異なっている。ユダヤ教の固有の言語はヘブライ語であるが、このヘブライ語にちなんでユダヤ教成立以前の古代の宗教を「ヘブライ宗教[28]」とよぶ。また、イスラム教は言語的観点から見れば、現在にいたるまで『クルアーン（コーラン）』の言語のアラビア語を特別視してきたが、ヘブライ語とアラム語（シリア語）、アラビア語は同じセム系の言語で、互いにごく近しい言語である。したがって、このセム的宗教こそがアブラハム宗教の中心と言える。オリエントの風土の共通性に加えて言語文化との密接な関係を強調すれば、ヘブライ宗教とアラム宗教とアラブ宗教（イスラム教）相互の親近性は、十分に想定できる。その点、西洋のキリスト教はその成立当初から、ギリシア語圏の影響を強く受けていた。その後は、西方にひろがってラテン語圏の影響も大きくなっていったが、いずれもインド・ヨーロッパ語族の言語であって、セム語族の言語とはまったく異なっている。それに、ギリシア哲学の大きな影響を受けている点も相まって、同じ「キリスト教」とは言っても、西洋のキリスト教はまったく異なる言語文化を持っていたため、キリスト教成立後の長い歴史の中で多くの違いを生じていった。いわば、「新ギリシア宗教」や「新ラテン宗教」とも言えるような面が多々ある。

したがって、シリア宗教は様々な点でむしろ、同じ言語文化を有するユダヤ教のほうがより似ている面がある。そもそも「キリスト」という言葉は、シリア語（アラム語）では、ヘブライ語とほぼ同じ「メシア」（ムシーハー）であって、「キリスト」（ギリシア語由来）ではない。「神」もヘブライ語とほぼ同じ「アッラーハー」で、アラビア語の「アッラー」と明らかに似ているが、ギリシア語では「テオス」である。これは、ただたんに発音の問題ではなく、意味やニュアンスが異なる。このように、シリア宗教はキリスト教一般から見れば、ユダヤ教・イスラム教側に近すぎるくらいなので、かえってアブラハム宗教の代表としてふさわしい。ユダヤ教を後継し、イスラム文明の中心地メソポタミアで文明を先導し、同時代の「キリスト教」と拮抗したからだ。もちろん、シリア・キリスト教もキリスト教の一員であるが、日本では従来の「西洋の宗教としてのキリスト教」というイメージがあまりにも強いため、その独自性が過小評価されるおそれがおおいにある。その誤解を避けるために、本書ではあえて「シリア宗教」とよぶことにする。

それにもかかわらず、従来のアブラハム宗教の比較は、西欧を中心におこなわれてきたので、中東という共通の地域性を超えて、西洋のキリスト教の枠組み（概念）で三宗教を比較しようとしてきた。しかし、それはシリア宗教という媒介なしだったので、成功してこなかったのである。三宗教の中では、ユダヤ教とイスラム教の類似性と比較してキリスト教だけだいぶ相違している要因は、もともとのアブラハム宗教が非中東、非セム系の影響で変化したことが考えられる。

そうすると、シリア宗教は宗教の中身と言語文化の関係という、きわめて興味深い問いに答えてくれる存在ということになる。宗教は西洋のキリスト教と共有し、言語文化はユダヤ教・イスラム教と共有しているからである。シリア宗教と比較することで、西洋のキリスト教のうち、どこからどこまでが宗教それ自体の不変の本質に当たり、どこからが西洋性に由来するものかが分かる。逆にシリア宗教を媒介にして、同じ中東のセム的宗教としてのアブラハム宗教どうしの、各宗教を超えた共通性が明らかになることが期待できる。特に、終章（3）でこの問題を扱う。簡単に言えば、西洋のキリスト教からシリア宗教との共通点を取り除いた部分が西洋性で、中東のユダヤ教からシリア宗教との共通点を取り除いた部分がユダヤ性、中東のイスラム教からシリア宗教、ユダヤ教との共通点を取り除いた部分がアラブ・イスラム性となるので、シリア宗教を媒介にして他のアブラハム宗教それぞれの固有性も明らかになることが期待できる（一四七頁の「西洋のキリスト教・シリア宗教・ユダヤ教の相関図」を参照）。

このうち、イスラム教は、しばしば文明の空白地帯に誕生したと言われているが、このことは七世紀までのアラビア半島が宗教の空白地帯だったことを意味しない。むしろ、先行するユダヤ教とキリスト教の影響の下に成立した。聖典『クルアーン』へのアラム語の多大な影響については、最近再び論争が起こっているが、少なくともユダヤ教やキリスト教との間に多くの類似点が存在することは、明らかである。しかし、それは今日、普通「キリスト教」という言葉で想起される西洋のキリスト教ではなく、シリア宗教を中心とする中東のキリスト教だったのである。したがって、シリア宗教はイスラム教の前提として重要である。もちろん今日では、日本でのイスラム研究は活況を呈しており、様々な方面からイスラム教理解が進んできているが、ことこの重要な前提に関しては、まだ本格的に扱われているとは言いがたい。本書は、これを補おうとするものでもある。

また、七世紀以降も、シリア宗教とユダヤ教はイスラム統治下で共存してきた。同じ地域で、同じ唯一神を奉じる「啓典の民」として生活圏を共有し、その後の歴史を今日までともに歩んだのである。具体的には、古い順に『旧約聖書』は三宗教で聖典と認められ、『新約聖書』はユダヤ教を除く二宗教で、そして『クルアーン』はイスラム教だけが聖典と認めている。この教典（聖典）宗教については、終章（3）で扱う。シリア宗教は、特にイスラム期初期にはバグダード（現イラク）を中心として、医療分野でカリフの侍従医などとして、学術分野でギリシア語文献のアラビア語への翻訳者として、大きな役割を果たした。最近、西洋近代のはじまりであるルネサンスの前提として、「一二世紀ルネサンス」（アラビア語圏からラテン語圏へ）が日本でも広く知られるようになったが、それを引きおこした中世イスラム学術文化の隆盛も、この媒介としてのシリア宗教の貢献（ギリシア語圏からアラビア語圏へ）なしには、成立しえなかったのである。もちろん宗教的にも、特にイスラム神秘主義への影響の可能性が取りざたされてもいる。

他方で、シリア宗教はいわゆる「シルクロード」を通って東へと伝わり、中央アジアやインド、中国まで到達した。その各地で、他言語、他文化、他宗教に出会い、現地化が進められた。ペルシア宗教、仏教、インド宗教、中国宗教、シャーマニズム[30]などの地域である。このうち、仏教や中国宗教との比較は、主に第三章の後半で扱う。シリア宗教は中央アジアや中国では一四世紀以降、急速に衰退、消滅したが、インドでは南部のケーララ州[31]を中心に命脈を保っている。また、間接的な影響は、遠く現代日本の民俗学者、折口信夫[32]にまで及んでいる。したがって、本書ではシリア宗教を中心とするアラム宗教をいわば縦軸に、その他の宗教を横軸に置いて、縦軸をたどりながら、横軸にもひろげていきたい。

さて、具体的には四世紀前半の、現存する最古のシリア教父（シリア宗教の父たち）の著作である、ペルシアの賢者アフラハト[33]（現イラク）の『論証』から、イスラム教勃興以前の六世紀頃までが中心となる。ただ、五世紀には東西シリア教会分裂を機に、ギリシア語圏のキリスト教の影響が急速に拡大するので、それ以前の文学はシリア宗教の独自性の発現を観取しやすいという意味でも貴重であるので、特筆しない限り、四世紀後半前後を扱う。東西分裂後の西シリア教会の場合は、非カルケドン派（単性論派／一性論派）[34]になったので、シリア宗教の独自性がどこからどこまでか、分かりにくくなる。同じ派になったエジプトのアレクサンドリア学派やコプト教会などから、大きな影響を受けたからである。したがって、本書では分裂前の初期シリア・キリスト教と東シリア・キリスト教を「シリア宗教」とよぶことにする。

もちろん、シリア宗教もギリシア哲学をはじめとする西洋の影響は受けたが、その点では程度の差こそあれ、ユダヤ教やイスラム教も同様である。アブラハム宗教が互いに似ているのは当然のこととして、それぞれの宗教の特徴、独自性をきわ立たせるために、四世紀を中心とする（もちろんその頃、まだイスラム教は成立していないので、イスラム教の場合は八世紀前後）。ユダヤ教との相違点については、特に第三章（2）で扱う。シリア宗教を代表するのは、なんといっても四世紀にローマ帝国領内のシリアで活躍したニシビス（現トルコ）のエフライム[35]である。彼は、後の東西シリア両教会でも、重んじられている。ただ、ここで注意しなければならないのは、この頃のシリア文学の黄金時代は、レバントやメソポタミアのシリア語圏全体を歴史的「シリア」と見なさなければならないことである。「シリア」といっても、現シリアを含むが、イスラエルやレバノン、さらにヨルダン、イラク、トルコの一部など広範囲に及ぶ。

本書では、この初期シリア語圏の著述家たちを中心に、主にこのイスラム教成立以前の中東の宗教を論じるが、ギリシア語圏シリアのアンティオキア学派の人々も随時参照する。初期イスラム教と主に接したキリスト教は、詳しく言えば東シリア教会であったが、この人々の考え方に大きな影響を与えたのが彼らアンティオキア学派だったからである（モプスエスティアのテオドロス[36]、ヨアンネス・クリュソストモス[37]、ネストリオスら）。もともと、シリア語圏を中心とするシリア教会と親和性が高かったので、彼らの考え方を受けいれやすかったのだろう。彼らは、日常的にギリシア語を使用していた場合が多いが、ギリシア修辞学の影響は受けているものの、プラトン主義を中心とする本格的なギリシア哲学の影響はあまり受けていない。なお、日本では東シリア教会が「ネストリウス派」とよばれてきたが、これは誤った名称（蔑称）なので、使わないほうがよい。

もちろん、シリア語圏中心の初期シリア・キリスト教とギリシア語圏のアンティオキア学派の影響を受けた東シリア・キリスト教との間の相違点もあるが、それについては巻末（あとがき）にあげた専門的研究を参照していただくとして、本書では共通点に着目して「シリア宗教」として扱った。宗教史や個々の人物の特徴まで扱えば、あまりに専門的な内容になってしまうので、本書では踏みこまないでおく。シリア宗教については、主にシリア語で書かれている原典によったが、シリア語文献ではあまり扱われていない分野に関しては、ギリシア語原典によった。

さて、このように地域文化としての宗教の固有性を十分に尊重する場合、比較宗教は可能なのだろうか。もし、その特有性だけを強調するならば、宗教学が成立しなくなるし、実際そのような主張もなされている。本書では、各宗教の独自性を十分に尊重しながらも、むしろその独自な宗教どうしの接点や類似点を積極的に探していくことにしたい。

第一章　人間、身体、宇宙

（1）宗教と世俗

やはり非宗教から見れば、いるかいないか分からない神などというよりも、人間のほうに関心が集中するのは、当然のことだろう。そこで第一章では、人間のほうを中心に考察していきたい。もちろん、この場合でも宗教と非宗教の間に立つ限り、神との関係も度外視できない。まずは、第一章で宗教における人間（個人）を主に考察し、次に第二章で神を中心に扱い、最後に第三章で主に神と個人の間にある世界（地域）を取りあげる。ただ、この三者はばらばらに存在しているのではなく、相互に関係しているので、各章で他の二者のことにも触れることになる。

まず、宗教学ではこの宗教と非宗教という二つの領域を一般に、「聖と俗」（デュルケム[38]『宗教生活の原初形態』）とよぶ。ルドルフ・オットー[39]『聖なるもの（独 *Das Heilige*）』は宗教体験を重視し、「聖なるもの」とは「戦慄させるもの（羅 tremendum）」であり、同時に「魅了するもの（羅 fascinans）」とした。彼は、これを通常のドイツ語（das Heilige）では表現しきれないとして、「神性」という意味のラテン語（numen）からの造語「ヌミノーゼ（独 Numinöse）」と表現した。この「聖なるもの」は、「聖地、聖夜、聖者、聖杯」のように、特定の場所や時間、人物、物などと結びつけられる。それに対して、これの反対概念である「俗なるもの」は、日常的なものである。日本の民俗学で言うと、「祭りの日（ハレ）」と「常の日（ケ）」との対比である（柳田国男[40]『日本の祭』）。一般に、宗教の側ではこの俗から聖への移行を目指す。この個人の生涯における、非宗教から宗教への決定的な移行を「回心」（ウィリアム・ジェイムズ[41]『宗教的経験の諸相』）とよぶ。特に、浄土系仏教の用語では、俗から聖への移行を「往相」、逆に聖から俗への移行を「還相[42]」（げんそう）とよぶ。これは、それぞれ、大乗仏教一般でいう、「上求菩提《じょうぐぼだい》」、「下化衆生《げけしゅじょう》[43]」に当たる。それでは、さっそくシリア宗教の場合を考えてみよう。ただ俗から聖へと上昇すれば、宗教としてはそれで終わりなのだろうか。つまり、往相だけしかないのだろうか。これと逆方向の運動である、還相はいらないのだろうか。段階をふんで、上にいくことに成功したとして、その次には何があるのだろうか。

他方では、宗教がしばしば批判される原因として、日常生活との乖離の問題があげられる。宗教が狭い意味での宗教性だけを追求するとき、一般の感覚とはあまりにかけ離れてしまい、非宗教との接点がなくなってしまいがちになる。そうなると、非宗教から見れば、宗教の独りよがりにうつる。これを「聖俗二元論」という。逆に、一般の日常生活に埋没してしまうと、宗教そのものの存在意義がなくなった、と見なされてもおかしくなくなる。これを宗教の「世俗化[44]」とよぶ。たとえば、「葬式仏教」という批判は、これに当たる。もともとは、どうしても葬式をあげたいという人々の願いにこたえるボランティア精神で、仏教にとって本質的ではない葬式もおこなってやる、という善意の付属的サービスだったものが、現代では葬式ばかりを本業にするかのような宗教になりさがってしまった、という批判である。したがって、聖と俗との関係は、宗教と非宗教が併存している限り、常につきまとってくる問題なのである。

ここでは、身近な「生活」という視点から、シリア宗教における聖と俗との関係を考察してみたい。ある社会に宗教が根づくということは、一般の人々の生活にまで浸透することだと考えられるからである。古代ヨーロッパの場合、四世紀の後半はローマ帝国のキリスト教会が全帝国規模で経験した大転換期であった。帝国内の少数派の宗教者集団から、その最多数の人々が属する一般の集団へと変貌を遂げた。その推移を如実に示す場が、「日常生活」であろう。教会が宗教中心の生活を送っていればよかった時代から、集団に所属する構成員の増加によって、否応なしに世俗の生活中心の宗教を形成していかなければならない時代へと移行していった。かつての殉教の道を失った熱心な「宗教エリート」たちにも、大別して二つの道があった。一つは、世俗の波が押しよせてきた教会も含む世俗社会全体から逃れて、「宗教のみ」に生きる修道の道[45]、もう一つは教会を含む世俗社会内に留まり、社会を宗教的に変革していこうとする改革のそれである。

具体的に、一人の宗教者の生涯をたどり、これを分析したほうが分かりやすいだろう。そこで、シリアのアンティオキア学派の、ヨアンネス・クリュソストモス[46]を取りあげることにしたい。彼は修道と改革の両方を経験した。はじめ、世俗を退避し修道生活に入ったが、後に教会の聖職につき、世俗と対峙する道を選んだ。生前から一般の生活者たちの絶大な支持を受け、その結果現代にいたるまで読みつがれ、人気を博した人物である。まず、クリュソストモスにおいて「生活的なこと」とは、世事のことで、現世的、感覚的、人間的、肉体的、物質的、地上的なもののことである。これは、「霊的生活」、狭い意味での「宗教生活」、つまり「宗教のみの生活」の正反対のことである。したがって、この「生活的なこと」は「世俗的生活」を意味し、宗教的には常に批判されるべき、価値の低いものになってしまう。具体的には、ユダヤ人ばかりか、キリスト教徒を含む大多数の人々が現世の生活のことばかりを考えていて、来世については何も考えていない、という。しかし、クリュソストモスによると「生活的なこと」はすべて、「真なるもの」の影にすぎない。したがって、「生活的なこと」は取るに足りないことなので、軽視するべきであり、それを脱することを勧める。

それでは、この生活的なことと分離するには、具体的に何をおこなえばよいのだろうか。それは、神の言葉に傾聴することである。しかも、修道士ではなく、むしろ生活者にこそ家で、聖書を読むように勧める。これらの勧めはすべて、修道生活にも妥当することであるが、この教えの特徴は、これを特に修道生活をしている人々に限定して、求めているのではなく、世俗の生活者たちも含む、全キリスト教徒に求めている点にある。具体的にはこれは、注意を集中して聖書を読むことによる。このようにして聖書の言葉を読むことで、生活的なことを脱し、霊的なことに到達しなければならない。その結果、一度生活的なことを脱し、霊的なことにおもむいた人は、もはや生活的なことに価値を見いだすことは不可能で、霊的なことに価値を見いだす。この境地をクリュソストモスは使徒パウロの例をあげて、次のように表現する。

> 高みにまで上った者は、もはやいかなる生活的なことにも驚かないだろう。むしろ、我々が山頂まで登った時、都市も城壁も小さく思えて、蟻のように地上で男たちが歩いているように見える。ちょうどそのように、あなたが哲学の高き観念に昇ったあと、地上のいかなるものも、あなたを驚嘆させることはできないだろう。むしろ、あなたが天上にあるものを見るとき、富も栄光も権力も名誉も他のこういったことであっても、すべてが小さく見えるだろう。そして、同様にパウロにとっても、すべてが小さく見えていた。そして、現生の輝けるものが、死よりも無用に見えていた（『アンティオキアの民への講話（立像）』第一五講話）。

この境地は、地上から天上への上昇の完成、生きながらにしての聖化（神化）[47]、仏教で言えば悟りを開いた状態、「入《にゅう》我《が》我《が》入《にゅう》」（空海）[48]、つまり人と仏とが「彼此渉入し、仏が我に入り、我また仏に入り、ついにわれらは仏において自己をみ、自己に於て仏をみる」（高神覚昇『密教概論』）状態、往相の完了のことである。そして、もしこれに成功したならば、もはや生活的なことには価値を見いださず、霊的なことだけを求めるようになる。

それでは、「生活的なこと」を離れ、「霊的なこと」におもむいたあとは、どうなるのか。もう「生活」はないのか。つまり、この世の「生」を絶ってしまうのか、あるいは俗世を離れて修道の「生」を送るべきなのか。確かに、クリュソストモスは「死とは、……生活的な思い煩いからの解放に他ならない」と語っているが、死は通常そう容易には訪れない。もちろん、神化したとしても、日常生活も続く。彼自身の生涯中にも、転機が訪れた。前述したように、修道生活を送っていた彼は、あるとき体調を崩したため、それを断念して世俗のただ中に戻ってきたのである。本格的な修道生活を開始して六年後のことであった。これ以降彼は、生活における宗教性を追求し続けることとなった。実際、彼の初期の著作ではいわゆる往相中心で、還相にはあまり触れられていないが、教会の重責を担うようになってからの著作では、往相と共に還相についてもしばしば言及されている。この点で、彼の最も有名な著作で、後代まで大きな影響を与えた『司祭職（羅 *De sacerdotio*）』も、実は修道批判、世俗との分離としての「霊的生活」批判として読むことも十分可能である。

そして、今度は生活が宗教化される方向に向かう。聖書を読む目的も実は、生活的なことを脱して霊的なことに達するためだけではなかった。聖書を読むことで、「生活」を清めることができる。このように清めの対象として、「生活」の存在自体は認められている。否定されているのは、「生活的な思い煩い」、「生活的なこと」であって、「生活」そのものではない。もちろん、その「生活」を送る「（世俗の）生活者たち」を否定しているのでもない。しかも、「生活」は存在が許されているだけではない。「生活」に対して、積極的な意義が与えられている。いわば、「生活的なこと」なしの「生活」が勧められているのである。したがって当然、生活そのものが批判されていたのではなく、「生活的な」生活が批判されていたのである。しかも、これは全生涯にわたって行われるべきものである。

また、別の箇所では福音は必ず、それに見合った生活を伴わなければならない、と断じている。この積極的な意味での「生活」には当然、個人だけではなく他者との関係も含まれる。その最も身近な他者は配偶者であり、家族である。清めの対象の「生活」には、結婚も含まれる。クリュソストモスによると、第一に「霊的なこと」を求める時、結婚はより輝かしいものになる。ここから、修道生活にはない家庭生活の聖化が生じる。修道者と比較した場合の生活者の特徴は、家庭ないし配偶者を持っている点にあるので、最も生活的な生活領域は結婚である、と言える。ほとんどの人々にとって、世俗の生活の中心を占めるのが家庭であるから、生活の宗教化とは最も生活的な生活領域である、家庭の聖化を中心とする。

結婚だけではなく、他のすべてのことも神によって語り、おこなわなければならない。日常生活のすべてのことを神の名によっておこなうとき、生活の一つひとつが清くなる。たとえば、食べるのも、飲むのも、寝るのも、起きるのも、一つひとつの行為すべてをそうするのである。これは、仏教で言えば「行住坐臥」に当たる。つまり、岡倉天心[49]の『茶の本』を引き合いに出すまでもなく、まさに日常茶飯事がそのまま宇宙、宗教的真理であり、一挙手一投足がそのまま修道（修行）になるので、どんな瑣末なことも、おろそかにはできないことになる。この主張には、いかなる例外もない。「生活的なこと」を含むすべてを神の名において行う。そのとき、「世的なこと」も「生活的なこと」もなく、すべてが「霊的」になるのである。いや、「霊的なこと」が上位で「生活的なこと」が下位、という順序さえも超越される。「神のため」という宗教的意図の観点から見れば、逆転現象も十分起こりうる。いかなることもそれ自体で「霊的」か「生活的」かが問題なのではなく、それが神との関連づけの中で行われているか否かが問題である。この点で、宗教生活、「霊的な」生活、聖の領域のことであっても、それを「生活的」におこなうこともありえる。世俗の生活も宗教的になりうるし、宗教生活も非宗教的になりうるのである。問題は、聖と俗という領域の問題ではなく、その中身のよしあしだったのである。

この内容的な質のよしあしのことを、宗教学では正（プラス）の価値を持つほうを「清浄」（浄）、負（マイナス）の価値を持つほうを「汚穢」（汚／不浄）とよぶ（ロジェ・カイヨワ[50]）。たとえば、「清浄」に当たるのは健康、繁栄、光などで、その反対の病気、破滅、闇などが「汚穢」に当たる。カイヨワは、主にアフリカ宗教を研究してこの概念を強調したのだが、これは日本宗教の場合にもそっくりそのまま妥当する。また、一見すると「聖」は「浄」に対応し、「俗」は「汚」に対応すると思われがちだが、実は必ずしもそうではない。逆に、「聖」で「汚」、「俗」で「浄」ということも十分にありうるのである（パウル・ティリッヒ）[51]。たとえば、一六世紀ドイツの宗教改革者ルター[52]は、当時のローマ法王のことを「白い悪魔」とよんでいるが、これは「聖」で「汚」という意味になる。

以上で考察してきたように、宗教においては「生活的なこと」（生活）と「霊的なこと」（宗教）との明白な対立が出発点にあった。両者がそのまま平行線を描いたままで終わるのか、それともなんらかの関係を持つにいたるのか、が問題になるが、その関係の仕方は二通りあった。まずはすでに述べたように、生活から脱却して、宗教に向かうこと、次に宗教によって生活を清めること、であった。前者はいわば往相、上求、下から上への上昇運動であり、それに対して後者は還相、下化、上から下への下降運動である。これらのことは、主に個人や家庭レベルで考えられているが、宗教としては集団レベルを考えなければならない。たとい宗教性がその人の全生活領域、全生涯に十分及んだとしても、それがその人個人、ないしその家庭内だけに留まっていたなら、自己満足的なもので終わりかねないからである。

クリュソストモスはこれでは満足しない。この生活化の効果が家庭の外へ、そして町中、ひいては社会全体に及ぶことを目指す。これが三つ目の接点で、生活によって宗教を示すことである。こちらは、いわばいったん下降したあとの再上昇運動だが、今度は最初の上昇運動と異なり、自分だけが上昇する運動ではなく、他者をも上昇させる運動である。仏教用語で言えば、自分の悟りが目的の「自利」の運動ではなく、大衆の救済を目的とする「利他」の運動である。そもそも、伝統的には個人レベルだけの宗教はありえず、常に集団（共同体）レベルで考えられてきたし、個人を考える場合でも、集団をベースとして、その一員として考えるのが宗教であった。その集団の単位が「民族」なのが、ユダヤ教のような民族宗教で、「部族」なのが部族宗教だが、世界宗教の場合でもそれが「サンガ」の仏教、「エクレーシア」（教会）のキリスト教、「ウンマ」のイスラム教も同様である。もちろん、シリア宗教の場合も同様に、「エドター」をベースにしている。宗教が各個人や、さらにその内面のものと見なされるようになったのは、プロテスタント（西洋のキリスト教）の影響による、近代化の所産にすぎない。

ここでは、宗教の生活化だけではなくその後の効果も重視されている。生活化した宗教性は外部の人々に対して、伝道的な効果を持つ。逆に、生活の裏づけのない宗教性は説得力を持たない。また、そもそも生活の基盤なしの宗教性はありえず、よい生活によって宗教性も養われる。しかし、クリュソストモスの理想はただの「生活による証」だけに留まらず、パウロ[53]にならって、おおいに「適応」している。「適応」とは、自分のありのままに行動するのではなく、相手の状況に合わせて行動することを意味している。彼は一般の人々の生活感覚を熟知していた。だからこそ、聞き手の理解をおおいに助ける、生活に密着したたとえを縦横無尽に操ることができたのである。ここに、雄弁家「クリュソストモス」（ギリシア語で「黄金の口」の意）の面目躍如たるものがある。相手を説得して自らの信念を受けいれさせようとすれば、当然相手側の状況に合わせて、相手にとって最も分かりやすい話し方、言葉で語らなければならないからである。これは彼の「適応」行為と言える。クリュソストモスによると、自分には本来必要ない「生活的なことの心配（配慮）」も他者への伝道のために、あえておこなう必要がある。

このように、シリア宗教では西洋のキリスト教の主流とは異なり、「修道士」という名の宗教エリートだけではなく、すべてのキリスト教徒に対して、世事にまみれた日常生活のただ中にあって、いわば「生活的に生活しない」ことがすすめられる。一人ひとりが世俗の生活をやめて修道生活に入ることを求めているのではなく、自分が今生活しているその場で、家庭を持ったまま「霊的に」生活することを求めているのである。仏教で言えば、全員が出家することを求めているのではなく、家にいる（在家の）ままで仏道をおこなうことを求めている。これは、第三の道の生活によって宗教を示すことである。「俗」の「浄」としての生活化した宗教性は、自分だけではなく、他者に対しての波及効果を持つ。

このような生活によって、他の家庭、都市全体、ひいては世界全体の宗教化が目指されていたのである。こちらは、いったん下降した後の再上昇運動だが、最初の上昇とは異なり、自分個人だけで上昇するのではなく、他者をも上昇させる運動である。本書では、シリア宗教の中でも、古代の人物としては例外的に多くの伝記的資料が残されているクリュソストモスの生涯をたどったが、この大きな流れとしては、東洋の同じく例外的に多くの伝記的資料が残されている巨人、空海[54]の生涯と軌を一にしている。往相と還相、そして再び往相という流れのことである。もちろん、キリスト教と仏教とでは宗教的背景は異なるが、基本的な流れは一致しているのである。

これまで考察してきた人間の下降と再上昇は、第二章で扱う神の下降と上昇とパラレルになっている。神の人間への下降は還相に、人間の神への上昇は往相に当たる。第二章では、人間に関しては、往相を扱う。神自身としては、適応の必要が一切ないのにもかかわらず、人間の救済のために適応したのだったが、いったん神化した人間も今度は自分には必要のない適応を他の人間の救済のためにおこなっている。こうして、宗教のみの生活を超え、世俗の生活的な「宗教」を拒否し、宗教的な生活を「世俗」にもたらそうとした。この世事にまみれた日常生活の中での、宗教性のほうが「純粋な宗教生活」より困難な道である。シリア宗教は、ただ「生活的な」だけの生活に対しては、生活の宗教化（聖化）を訴え、逆にただ「宗教的な」だけの宗教に対しては、宗教の生活化を訴えるのである。実際、この聖俗の一致の試みに挫折した西洋のキリスト教の歴史は、聖と俗の分離という形で進んでいった。それに対して、前述の空海に代表される真言密教は、「即事而真」（現象は真理である）として、真実世界と現実世界（聖俗）の一致を説いたし、ユダヤ教・イスラム教はシリア宗教よりも、生活と宗教との一致や社会集団としての宗教の側面がもっと徹底していて、基本的には特別な宗教者（聖職者）と一般信者との区別もない。指導者としてのユダヤ教のラビやイスラム教のウラマーも本来、知者、学者であり、イスラム教のスンナ派のイマームも礼拝の先導者であって、厳密な意味での聖職者ではない。ユダヤ教・イスラム教は、徹底した「在家の宗教」なのである。このような生活への指向性、社会全体への指向性という点は、シリア宗教が聖俗一致を原則とするユダヤ教・イスラム教と共有するものだと言える。

(2) 自然と身体

(1)では、人間世界をいわば、宗教世界と世俗世界、聖界と俗界の二領域に分け、その二つの間の往来を論じた。次に、視点をもっと拡大して、人間世界を含むもっと大きな領域、くくりである宇宙、自然を考察したい。人間も大きな自然の一部でもあるから、その大きな影響を受けていることは言うまでもない。また、宗教世界もその人間世界の一部であるから、宗教の内容も自然の影響を受けるのは当然である。この自然の要素が特に大きい、自然発生的宗教を「自然(的)宗教[55]」とよぶ。逆に、小さい宗教を「超越(的)宗教」とよぶ。「超越宗教」は、「自然宗教」側から見れば「非自然宗教」ともよべるが、逆に「自然宗教」も「超越宗教」側からみれば「内在(的)宗教」とよぶこともできる。和辻哲郎の風土論[56]のように、自然環境の相違は、宗教の相違も生みだす。たとえば、当然ながら内陸部の乾燥した地域の自然宗教では、ギリシア宗教のポセイドンのような海の神はいない。逆に、海洋民族の自然宗教の場合は、地母神をはじめとする大地の神がいないことになる。このように、特定の土地と密接につながっている神霊を「地霊(羅 genius loci)」という。日本の場合でも、自然宗教の広い意味での神道の神々には、それぞれが支配する特定の土地があったのに対して、超越宗教である仏教の仏にはそれがなかった。

もちろん、自然宗教でも超越の要素を持つ場合もあるし、超越宗教でも特定の大地にどっしりと根を下ろす場合もある。これを「大地性」(鈴木大拙[57])とよぶ。このように、個々の自然宗教が強く結びついている、特定の場所をギリシア語で「コーラ」（土地）という。逆に、どこでもよい、普遍的な空間としての場所を「トポス」（位置）という。シリアの場合、「真珠」、「いちじく」、「泉」、「薬」、「衣服（を着ること）」など、風土に根ざしたメタファーが重視され、宗教思想と不可分に結びついている。また、たとえば同じ「泉」という言葉で表されるものにしても、周囲には砂漠も多い地域で、生死を左右する水の価値が高いオアシスでの「泉」と温暖湿潤気候の地域でのそれとは、たとえ類似点はあるにせよ、同一のものとは言えない。このように、風土的には古代メソポタミア文明と同じものを継承している。もちろん、シリア宗教は自然宗教と同じではないが、自然を非常に重視している。人間にとって、自然は把握不可能なものである。確かに、自然は聖書と並んで楽器のハープにたとえられ、神知識の源泉として認められているが、自然のほうが聖書よりも分かりにくい。両方とも神の支配の下にあり、まったく一致している。

人間が自然そのものを認識する場合でも、自然自らが人間を主導して、その輝きによって人間の自然認識を成立させている。このこと自体が神を象徴していて、神も同様に神の主導によって人間の神認識を成立させている。神が生ける神であるように、自然も生ける自然であって、決して死んだものではない。神が万物になったからだ。これを文字通りに取れば、密教のように「汎神論（英 pantheism）」（スピノザら[58]）になるが、神と自然はまったく同じではなく、自然は神の象徴であるという意味で、神的である。確かに、個々の自然がそれ自体独立して神なのではないが、互いのネットワークによって、自然全体として神を指し示している。すべてのものが神の中にある、という「万有在神論（英 panentheism）[59]」ということは言える。この「象徴」の意味は、ただたんに比喩という意味で、たまたま似ているというのではない。神が自らを表して、人間に分かるようにするために、神の形（象徴）に自然は造られ、最初からその神のなにがしかを反映しているからだ。それは、確かに神そのものではないが、偶然でもなく、曖昧でもない。一つの自然で神全体を表すには、神は大きすぎるからである。だからこそ、自然の多様性が必要だった。別々の自然があるからこそ、神の豊かさをよりよく伝えることができる。したがって、人間も少ない自然の象徴だけで満足してはならず、できるだけ多くの自然を知ることによって、それを通して自らを表現した神について知ることができる。

特に「楽園、理想郷、天国」がどこにあるのか、が自然宗教を超越宗教と区別する。自然宗教のギリシア宗教では、ホメロス[60]『オデュッセイア』のオデュッセウスが難破して漂流してたどり着いた楽園は、困難ではあるが人間が生きてたどりつき、そこからなんとか故郷に生還できるくらいの距離にあるし、中国の伝統でも、桃源郷は城壁で囲まれた多くの人々が住む都市から陸路で非常に遠いところにあって、そこに行ったことがある人が、ごくたまにいるほどの距離にある。いくら遠くても、この人間が日常的に住む世界の延長線上にある。それに対して、超越宗教の西洋のキリスト教では天国と地上は隔絶していて、中世のゴシック建築に象徴されているように、頂点の至高天は地上の人間が絶対に到達できないような、はるか彼方にある。また、超越宗教の仏教では、確かに『往生要集』を著した源信[61]に代表される、平安時代に盛んになった浄土信仰にも、「西方極楽浄土」という「西方」という一定の方角が入っているが、実質的には抽象化されてもはや地上の一領域としての西方の意味を超越して、通常の人間世界をはるかに超えた仏の理想的な世界になっている。シリア宗教では、楽園は精神的なものであると同時に物体的なものであり、超越も自然の延長線上にある。その点でも、自然宗教と超越宗教の間に位置する。また、終末論的楽園も、原初的楽園への復帰と考えられていることから、直線的な時間観だけでなく、円環的な時間観も維持されている。この点も、自然宗教と共有されている。

次に、先住民の宗教を中心とする自然宗教で共通していた空間観は、人間中心主義ではなく、「宇宙樹（世界樹）」（エリアーデ[62]）のような、植物を中心とするものである。もちろん、この宇宙観を前提として、動物もこれに組みこまれているのだが、人間はさらにその動物のある一角を占めているにすぎない。神々もこの宇宙の中に存在しているのであって、その外ではない。ドイツの哲学者マルティン・ハイデッガー[63]の「四域（独 Geviert）」で分類すると、「大地」、「天」、「死すべきもの」、「神的なもの」のすべてが、この宇宙の中に含まれている。たとえば、古代ゲルマン宗教の北欧神話におけるイグドラシルは、宇宙を覆いつくす巨木であって、世界の枢軸（羅 axis mundi）としてその中心を下から上まで垂直に貫いていて、天上への秘密の通路にもなっている。この宇宙樹には様々な種類があるが、宇宙樹崇拝そのものは、オーストラリアの先住民アボリジニのオーストラリア宗教をはじめとして、シベリアのトルコ宗教（シャーマニズム）[64]、ネイティブ・アメリカンのアメリカ宗教など、先住民の宗教で広く共有されている。

そもそも、人間も自然のものであるから、身体としての人間と物質としての自然が軌を一にしているのは、当然のことである。西洋中世の神秘家たちは、これを特に「マクロコスモスとミクロコスモスの照応」と言った。これは、すでに古代ギリシアでも存在していた考え方で、「ミクロコスモス」とは、「小宇宙」という意味のラテン語で、人間の身体を通常の「（大）宇宙」（マクロコスモス）になぞらえている。道教でも、身体が宇宙に見立てられ、人体の構造や機能が宇宙のそれと同様のものである、と考えられた。日本の禅仏教の道元[65]も、身体と宇宙を一つとみなしている。自然の重視は、自然に含まれている物質の重視でもある。また、人間全体を一つのまとまった有機体と見る考え方は、宇宙全体を一つのまとまった有機体と見る考え方と呼応している。この場合、より具体的にはたとえば、血液循環と食物連鎖やエネルギー循環が照応していることになる。たとえば、西洋中世最大の女性幻視家ビンゲンのヒルデガルト[66]は、ミクロコスモスの内部でもマクロコスモス内部と同様に、「緑の力（羅 viriditas）」が循環して、いのちが保たれていると考えた。

次に、人間の身体のほうであるが、宗教性にとって身体の重要性は、特に精神との関係で次の二つの極が考えられる。一つ目の霊肉二元論では、肉体は宗教性の完成を阻害しているマイナス要素にすぎず、宗教性の完成は精神が肉体と分離してしかありえない。肉体は魂の牢獄であり、死はそこからの魂の解放である。これは、古代ギリシアのプラトン[67]に代表される立場で、西洋のキリスト教もプラトン主義に影響されている。また、日本の民俗学の折口信夫[68]は、そもそも生前においても、魂は体の外にあるとする、魂の外在説を唱えた（外在から鎮魂による内在へ)。

二つ目は「全一的（英 holistic)」（ホリスティック）な立場で、ここでは身体は精神と常に不可分で、この二つがそろっていて、はじめて人間であり、宗教性の完成も当然、身体なしにはありえない。生死にかかわらず、身体なくして精神なし、精神なくして身体なし、である。たとえば、前述のビンゲンのヒルデガルトに代表される立場である。即身成仏を唱えた空海[69]も、宗教における身体性を重んじる点で、この立場に近い。身体の不可欠性は、行という形でも現れる。仏教では、「身」が「身《しん》・口《く》・意《い》」からなる「三業[70]」（さんごう）に含まれることからも分かるように、修行と体験が実践の核になっている。禅仏教でも、坐禅の修行自体がそのまま悟りの実現なのだが（修証一等[71]）、身体なくして坐禅を組むことはできないので、道元[72]は「身心一如」として身体を重視している。同様に、身体なくして「断食」、「巡礼」といったイスラム教の行[73]はありえない。ユダヤ教も、同様である（「断食」、「施し」、「祈り」）。しかし、ほとんどの場合、この二つの極まではいかず、その中間でどちらかと言えば霊肉二元論に近いか、全一的な立場に近いかの程度問題である。シリア宗教は全一的な立場で、特にキリストの「受肉（英 incarnation)[74]」（神が生身の人間になったこと）を重視している。

この点で、最も分かりやすいのが神と人間の類似性の問題であろう。これを「神の像（羅 imago Dei）としての人間[75]」という。神と人間は似ているか。似ているところがあるとすれば、どのような点か。逆に、似ていないとすれば、特にどういう点が似ていないか。ユダヤ教・イスラム教は神と人間との間の絶対的差異を強調するため当然、神と人間は似ていない、とする。それに比べると、他宗教はなんらかの点で似ている、とする傾向がある。具体的には、本居宣長[76]によれば、日本宗教では人間だけではなく、神も身体性を共有するのだが、プラトン主義を中心とするギリシア哲学では、逆に神と人とでは精神性が似ている、とする。神は精神的存在で、人間も精神を持っているから、その部分は神と同じである。逆に、似ていないのは肉体を持っている点である。西洋のキリスト教は、そのギリシア哲学の影響を受けた。したがって、神の像としての人間も、神に似ているのは精神性と考えられた。古代キリスト教で、神の像に人間の体を含めた唯一の学者テオドロス[77]は、アンティオキア学派の最高峰で、東シリア宗教は彼を最大の学者とみなす。それほど、身体を重んじていたのだが、キリスト教全体の中では、例外だった。

次に、身体の問題は、性の問題と密接に関連している。宗教にとって、性行為をはじめとする性はどのように位置づけられるのだろうか。これは、肯定型、否定型、中立型の三種類に大別できるだろう。性肯定型は、基本的に性を肯定する。最も徹底している場合、それによって宗教性が完成されたりするので、宗教性にとって性は不可欠なもので、密接に結びついている場合、性は非常に肯定的にとらえられている。たとえば、性的ヨーガの行を伴うヒンドゥー教のタントリズム[78]、歓喜天[79]で有名なチベットなどの後期密教、房中術[80]を重んじる中国の道教などである。性否定型は、基本的に性を否定する。最も徹底している場合、それによって宗教性は破壊されたりするので、性は宗教性を損なわせるもので、避けなければならない場合、性は非常に否定的にとられられている。たとえば、インド宗教のジャイナ教[81]、古代ギリシアのオルフェウス教[82]、ペルシア起源のマニ教[83]などの禁欲主義である。性中立型は、特に性を肯定も否定もしない。それによって宗教性は直接影響を受けないので、宗教性そのものにとって性は価値中立的なものなので、あってもなくてもどちらでもよい（希　アディアフォラ）、つまりケース・バイ・ケースで、多くの場合、これに当たるだろう。

シリア宗教の場合、多様な面があり、どれに当たるかは一概には言えないが、初期においては「契約の子ら」とよばれる、いわゆる宗教エリート集団が形成されていたが、彼らは禁欲的で結婚できなかったので、性否定型である。しかし、楽園における最初の人間が、男性と女性の両方を兼ねそなえた、いわゆる「男女両性具有」（希　アンドロギュノス）[84]とされているので、人間の理想状態にも性が含まれているので、性肯定型である。したがって、両方がケース・バイ・ケースで存在するので、あえて決めなければならないとしたら、性中立型が最も近いだろう。それに対して、西方キリスト教（カトリック）では原罪も情欲（羅 concupiscentia）と結びつけて考えられ、修道制という宗教エリート集団はもちろん、すべての聖職者の結婚を禁止しているので、どちらかと言えば性否定型である。また、仏教も同様に出家者の妻帯を禁じているので、性否定型である。ただし、浄土真宗をはじめとする現代日本の仏教は、僧侶の肉食妻帯を認めているので、例外的に性肯定型である。ユダヤ教、イスラム教はどちらかと言えば、全体として性肯定型である。

次に、物事を認識する場合であるが、具体的には身体の中で五感を通しておこなわれるが、シリア宗教の場合、目をはじめとする具体的な感官と心の「目」とが連続的にとらえられている。同様に、心の中で知性と感性などの各部分もゆるやかな差異しかなく、全体としてはあくまで一つのものとして、つながりが重視されている。この点で、本居宣長(85)による日本宗教の感性的認識と通じるかもしれない。

最後に、キリスト（メシア）の場合も人間になったのであるから、シリア宗教では以上のような意味での身体を持っていることが強調される。精神と身体は分離できないので、あくまで精神を持った身体全体としてのキリストしか考えられない。したがって、神性と人性（神の面と人間の面）とがあっても、それはあくまで一つの身体としてのキリストの統一性のもとでの区別であって、それを部分ごとに切りきざむことはできない。このように、神が人間の救済のために身体によって下降（適応）したのが、キリストの受肉である。同じように、三位一体の中のもう一者、聖霊も人間に下降したので、精神的適応とよぶ。聖霊も人間の身体の中に宿ったので、「聖霊の宮としての身体」として、身体が重要視される。これを「神の内住」とよぶ。その後、逆に天上への象徴的解釈、神秘的上昇をするときにも、人間の身体は地上に留まり続ける。精神的上昇の基盤として身体が必要なので、身体が消えてなくなることはなく、精神と身体はつながり続ける。精神によって人間全体として、伸張することはあっても、分離、解体してしまうことはない。死後の身体のゆくえについて詳しくは、次の（3）で扱うが、シリア宗教では他の諸宗教の中でも、人間の身体性が強調されている、と言える。

(3) 死と生

人は死んだら、どうなるのだろうか。最近では、宗教の枠を超えて「死生学（英 thanatology）」が「死」をテーマとして取りあげているが、伝統的にはいわゆる『死者の書』で有名な古代エジプト宗教から新興宗教にいたるまで、宗教と切っても切れない問いである。一般に、現世中心的と言われる宗教の場合でも、これが重要テーマとなる点では変わらない。たとえば、儒教の鬼神論がそれに当たる。これは『論語』の先進篇で、弟子の子路に鬼神、死について問われた孔子[86]が「未《いま》だ人に事《つか》うること能《あた》わず、焉《いずく》んぞ能《よ》く鬼《き》に事えん。……未だ生を知らず、焉んぞ死を知らん」（未能事人、焉能事鬼。…未知生、焉知死）と答えた箇所をはじめとする、「鬼神」言説をどう解釈するかをめぐって、儒者の間で議論されたものである。「鬼神」とは祖霊を含む神霊のことであるから、死後のありようが問われていることになる。現代では、この孔子の沈黙を解釈して、彼は霊魂や死に重きをおかない現世中心主義を主張した、とされることが多い。果たして孔子は、本当にそれを言いたかったのだろうか。

ここでは、子安宣邦『鬼神論』にしたがって整理すると、江戸幕府が官学として公に採択した儒学は朱子学だったが、朱熹（朱子）[87]は鬼神を陰陽二気の働きとし、逆に陰陽二気による自然現象も鬼神、とした。しかし、この自然哲学的解釈を、日本の主要な儒者たちはそのままの形では受けいれなかった。まず、江戸時代初期の伊藤仁斎[88]は、朱子をはじめとする後世の学者の解釈を斥け、孔子・孟子などの原典に忠実に読んでいく古義学の立場から、人倫を重視して、鬼神を名ばかりの存在として、無鬼論的に解釈した。それに対して、孔子・孟子以前の儒教の古典を詳しく読み、古代の言葉を正確に解釈する古文辞学を唱えた荻生徂徠[89]は、聖人が制定した、共同体的祭祀を重視したが、この制度論的な視点の影響は、幕末の後期水戸学を介して、明治以降の国家神道、ひいては靖国神社へと及びうる、という。次に、主知主義の立場に立つ新井白石[90]は『鬼神論』を著し、鬼神も学問的対象としてその例を広く集めて、徹底的に検討するなどして、それぞれ独自の解釈を打ちだしていったのである。他にも、江戸時代後期に国学者でありながら、なぜか議論に参入した平田篤胤[91]は、『新鬼神論』で鬼神を尊ぶのが人情であるとして、当然ながら有鬼の立場を主張し、逆に合理主義的傾向を持つ懐徳堂学派の山片蟠桃[92]は、仏教や迷信を批判する立場から、神々や霊魂の実在を徹底的に否定した。

以上でまとめたように、近世日本での解釈の変遷を見る限りでも多様な解釈が可能であって、鬼神という重要テーマを孔子自身がどのように考えていたのかは分からないが、元来は現代的解釈のように、現世中心主義の主張とは言えない。したがって、儒教でさえ必ずしも徹底した現世中心主義、ひいては非宗教的、非呪術的とは言えない。ましてや、『荘子』[93]（大宗師篇）に「吾《わ》が生を善《よ》しとする者は、乃《すなわ》ち吾が死を善しとする所以《ゆえん》なり（善吾生者、乃所以善吾死也）」、すなわち、自分の生をよしとすることは、つまりは自分の死をもよしとしたことになるのである、とあるように、生と死が一体のものとして重要視される点では、道家でも変わらない。同様に、一般に現世中心的と言われる日本宗教でも、「死」と「死後の生」（いのちとしての霊魂）こそが、先述の平田篤胤の中心的関心事だったし、小説『死者の書』に現れているように、折口信夫の場合もそうだった。

まして、黒死病（ペスト）が大流行した一四世紀をはじめとして、現代よりも頻繁に人の死に接する機会が多かった西洋中世では、宗教は普段から「死を想え（羅 memento mori）」と訴え、「死」から切り離して「生」を考えることなどできなかった。同様に、「生」から切り離して「死」を考えることもできない。バタイユ[94]が言うように、「死は生の偉大な肯定者であり、生に驚嘆して発せられた叫びである」（『宗教の理論』）からだ。実際、現世中心的な近代になるまで、ヨーロッパを含む世界のほとんどの人々は、「死んでも、死なない」と考えていた。つまり、死んだ後のいのち（生）が想定されていたからだ。これは、どういうことだろうか。

これを考察するために、「生」という言葉はかなり広い意味を持っているので、まずはその内容を分類しておく必要がある。しかし、英語をはじめとする西欧語では、それらの多くの意味を表すのに普通、一語で表現している（英 life／独 Leben／仏 vie／羅 vita）。たとえば、近年よく言われる「ＱＯＬ（英 quality of life）」（生の質）の“life”も、日本語に訳すときに様々な意味に訳される。その点、古代ギリシア語では主に三つの単語で表されるので、分類するのに便利である。そのうち最も重要な「ビオス」は、植物などにも幅広く適用可能な、最も一般的、広義の「生」で、「生活」、「人生」、「人世」、「生計」、「生き方」など、多くの意味を持っている。これは個別に量的な長さを持つ、いわば「線的な生」である。次は「ポリテイア」で、「ポリス」（都市国家）の派生語として他の多くの意味で用いられるが、ときにその市民としての「日常生活」を意味する場合がある。アリストテレス[95]のいう、「希 ゾーオン・ポリティコン」（社会的（ポリス的）動物）としての、「人間特有の生」である。もう一つは「ゾーエー」で、主に動物と共通する「生」の根源である「生命」、「生存」、「いのち」を意味する。こちらは、永続的に質的な価値を持つ、いわば「点的な生」である。確かに、仏教の「四苦」でいう「生老《しょうろう》病死」のうちの「死」に近づくにしたがって、「老」や「病」が進行することで、まずは社会的な「生」、市民としての「生活」（ポリテイア）は送れなくなっていくことだろう。そして、生物学的な「生」の終わり、すなわち「死」を迎えるやいなや、「ビオス」としての「生」の大半は消滅してしまうかもしれない。それでも残るのが、死後の「生」としての「いのち」（ゾーエー）なのである。

　具体的には、ギリシア的人間観による人間の三分法では、最も下に位置づけられる「身体」と中間に位置づけられる「感情」（希 パトス）は可死的なのに対して、最も上の「精神」は神と共有する部分であるから、永久に不滅である。死とは、精神（霊魂）と肉体の分離にすぎない（プラトン）。アフリカ宗教でも同様に、死によって魂は肉体から分離し、霊的存在に変化して、霊的世界へとおもむく。古代インド宗教（バラモン教）でも、個人の死は終わりではなく、我（アートマン）が体から分離して、輪廻転生という、いのちの連鎖によって永遠に「生き」続ける。したがって、この我（アートマン）と宇宙の根本原理（ブラフマン）との一致（梵我一如）によって、この苦の連鎖からの解脱を理想とした。インド発祥の仏教も、誕生も死も苦ととらえて、悟りを開くことにより、この連鎖から解脱することを目指したので、インド宗教の死生観を前提として成立したものである。中国の伝統的な考え方でも、生きているとは魂と魄が一つになっている状態であって、死ぬとはこの魂魄が二つに分離することを指す。魂は体から外に出ていって、天に飛翔するだけであって、なくならない。つまり、死なない。日本宗教でも、魂は歴史的仮名遣いでは「たましひ」（玉し火）であって、いわゆる人魂（ひとだま）として死後の体から抜けだして浮遊し、祖霊として里山など人里から遠くない場所で、子孫を見守りながら、「生き」続ける（柳田国男[96]『先祖の話』）。

ここで、この死者たちの「生きている」と考えられた「他界」の問題を宇宙論的に考えてみよう。死者は、地下世界との密接なつながりがある場合が多い。これらは、日本語では「冥府（冥界）」、「陰府」、「黄泉」（よみ）など、様々な名称でよばれるが、ここでは「地下世界」とよんでおく。シリア宗教の場合、シリア語でも「シェオル」だが、ユダヤ教の「シェオル」（ヘブライ語）と同様に、宇宙（世界）内のどこかに存在する。これと反対の言葉が「天」で、天使たちなどが住む「天上世界」とよぶ。この二つの世界の中間が「地上世界」で、これが現在生きている人間が住んでいる通常の「世界」に当たる。このように、世界は垂直的に三層構造と考えられていた。この宇宙観自体は、アブラハム宗教はもちろんのこと、古代ではかなり普遍的なもので、日本の「よみ」（黄泉）を発見した本居宣長による『古事記』理解にも、同様の宇宙観があった（平田篤胤は「よみ」を否定したが）。現在でも、アフリカ宗教をはじめとする諸宗教と共有されている。

シリア宗教では、どんな人でも死んだら必ず行くところが、「地下世界」である。ここでは、例外はないので、聖人たちも必ずそこに行く。つまり、生きている間の地位やおこないのよしあしにかかわらず、例外がない。死んだ時期がいつかにかかわらず、またキリストの死以前か以後かにかかわらず、すべての人々がおもむく場所なのである。したがって、地下世界は悪い人々を罰するため専用の「地獄」とは異なっている。シェオルは、必ずしも悪い場所ではないのである。このすべての死者が例外なく、おもむく世界という意味での、死後世界の平等性という考え方は、古代メソポタミア宗教、ユダヤ教やアフリカ宗教と一致するが、西方キリスト教とは異なっている。西方にはそもそも、この意味での「よみ」がない。地下世界における死は、牢獄の比喩で説明されることが多い。死者を鎖や枷で縛って、地下世界に閉じこめているのは、悪魔、悪霊たちとよばれる存在である。

あとは「体のゆくえ」の問題がある。もし、古代ギリシアのように、死が精神（霊魂）と肉体の分離だとしたら、精神なき体は無用の長物になり、あとはどうなってもかまわない、ということになるだろう。平田篤胤(97)が主著『霊能真柱《たまのみはしら》』で理解した神道でも同様に、死は肉体からの霊魂の分離だが、おそらく日本語の「からだ」の語源が、死後に霊魂が抜けたあとの「から（殻）」であるのと同様に、ギリシア語の「体」（ソーマ）も元来は死体の意である。この場合、地下世界に行くのも霊魂だけであって、体ではない。しかし、シリア宗教ではそうはならない。あくまで、精神と身体が両方そろって、はじめて人間だからである。これは、生死とは関係ない。生きているときも、死後も常に体を伴う。したがって、人間が死んでから地下世界に行くとき、必ずそれも体と霊がセットでそうするのである。もちろん、眠ること、休むことはあるのだが、分離したり、消滅したりすることはない。通常、その場所とは墓場なのだが、墓場という特定の具体的な場所で、その死んだ人の身体と精神が一緒に存在し続ける。もちろん、これは土葬されることを前提としている。

人間の中の精神が活動を一時的に休止することはあっても、それは眠っているようなもので、永遠の喪失という意味の、「真の死」（永遠の死）ではない。したがって、キリストも人間であるから当然、十字架にかかって死んだあと、身体を伴って墓に葬られ、そして身体のまま、この地下世界に下ったことになる。これを「キリストのよみへの下り（羅 descensus Christi ad infernos）」という。そして、同様に身体のまま、墓の中からよみがえった。したがって、キリストと同様に他の人間も、終末に身体を伴って復活する。したがって、永遠のいのちも身体なしには、考えられない。キリストの場合も、もちろん身体と精神がセットで、地下世界に下った。したがって、これは犠牲であるが、通常、一般の人々にとっては「敗北の十字架」、「敗北の犠牲」となりそうなところを、逆に「勝利の十字架」、「勝利の犠牲」となっている。なぜならば、キリストは地下世界に行ったあと、他の人々のようにそのまま死の力、闇の力に抑えられて地下世界に閉じこめられたのではなく、そこを支配する勢力と戦って勝利した結果、地下世界を脱出して、地上世界に戻ってきたからだ。これを「復活」（体のよみがえり）という。そのさい、悪魔は倒され、地下世界からいったん死が一掃されて聖化されたので、キリストだけではなく他のすべての死者たちも、地下世界から解放されたことになる。これをキリストの「仲介」という。

主に第二章で、神の下降と人間の上昇を天上世界と地上世界の間で扱うが、ここでは同様の神（キリスト）の下降と人間の上昇を地上世界と地下世界の間で扱うのである。人間だけではだれも死に勝利できなかったのが、キリストの仲介によって死に勝利したからである。本来、敗北と死の領域であった地下世界がキリストのよみへの下りによって、勝利と生の領域に変えられた。このシェオルの最も好まれる比喩の一つに、「腹」（胎）がある。「腹」は死者たちを中に飲みこむものなので、死んだキリストも中に飲みこんだのだが、その結果キリストは腹の中から外へと死者たちを吐きださせた。かつては、死者たちを飲みこむだけの存在だった「腹」が、キリストによっていのちを与える「（母）胎」へと変えられたのである。したがって、地下世界そのものは必ずしも悪ではなく、悪にも善にもなりうる。

また、キリストが悪魔より強かったことが強調されている。神は、キリストを通してどんな人でも、地下世界の死の支配から救済できる。その結果、現在でも全宇宙の存在者たちがキリストを崇拝している。地下世界にいる死者たちも、もはやいったん地下世界は破壊され、死の力による束縛から解放され、将来の実際の復活と地下世界からの脱出の前に、すでに地下世界でキリストを崇拝している。天上世界の天使たちも、地上世界の人間たちも、場所は違えども全宇宙で同時に同じキリストを崇拝しているのである。終末には、この「救われた人々」（義人）だけではなく、人類すべてが、もちろん身体を伴っていったん復活する。その後に、最後の審判をへて、悪人だけが「地獄」（ゲヘナ）という最終的な刑罰の場所へと送られ、永遠の苦しみを受けるが、義人たちはもちろんそこではなく、楽園（天国）へと入る。いずれにせよ、どんな体であれ、常に体を伴っている。

ただ、このように死の力から解放、救済されたのは、人類全体ではない。生前だけではなく、死後に回心して救済される可能性を認める宗教もあるが、シリア宗教はこれを認めないのである。たとえば、西洋のキリスト教では、死者が回心する前提として、キリストが生前と同じように、地下世界に行ってからも、死者の霊に対して神の国をのべつたえた、とされているが、そもそもシリア宗教はこれを認めないので、死後には回心しえない。また、「結局、だれでも、全員が救われる」とする、「普遍救済説」（オリゲネス[98]）もとらない。選ばれたものたち（選民）、つまり教会の人々だけが救われる。

いずれにせよ、このように歴史に終末を認めるのが、「歴史宗教」の特徴で、現代では世界のほとんどの人々が持っている直線的な時間観を前提としている。古くは、最後の審判を最初に導入したゾロアスター教をはじめとして、ユダヤ教、キリスト教、イスラム教、それに現在では多くの新興宗教がこの終末論を持っている。それに対して、「自然宗教」の多くは年間の季節のめぐりのような円環的な時間観を前提として、終末のない永遠に変わらない宇宙（自然）観を持つ。これを「永劫回帰」（エリアーデ[99]）という。たとえば、古代のギリシア宗教では、確かに人間が住む「世界」（希　オイクメネー）は、非力な人間にはままならず、無常なのだが、それを含む「宇宙」（希　コスモス）全体としては、秩序だって美しいまま永遠に変わらない。その他の古代のほとんどの宗教、現代でもヒンドゥー教や日本宗教、アフリカ宗教、先住民の宗教などもこれに属する。この点でも、シリア宗教には自然宗教的な面もある。前述のように、終末における楽園は始源（原初）の楽園と同一で、人類は最終的にそこに復帰するのであって、まったく新しい世界に行くのではないからである。

ただ、これは「楽園」という空間の問題ではなく、むしろ時間の問題だろう。そもそも、この直線的な時間観と円環的な時間観、水平的な時間観と垂直的な時間観とを二項対立的に考える必要はない（「直線的限定即円環的限定」（西田幾多郎[100]））。たとえば、道教が目指す不老不死の場合、およそ望みうる最高の富と権力を手にした、有名な秦の始皇帝が最後に求めた不老不死の妙薬を手に入れることができた、と仮定してみよう。この場合、現在の彼の「地上の楽園」状態が永続すること、つまり質の高い時間が前提となって、それに量の大きさも加えることを願ったのであって、彼に虐げられていた多くの民のように、現在の時間が最悪の状態の場合、それが量的にも未来永劫、続いてしまうとしたら、それはまさに「地上の地獄」のようだろう。このように、「永遠」も時間の質を考慮することなしに、量だけで扱うことはできない。

これは時間論の問題だが、時間を物理的に、量的にとらえるのではなく、質的にとらえれば、アンリ・ベルクソン[101]『時間と自由』の独創的な、「持続（仏 durée）」としての時間になる。「持続」とは、意識に直接与えられた、切れ目のない継起、つまり「流れる時間」のことである。そして、この「流れる時間」だけが「真の時間」（純粋持続）である。したがって、時間とは意識であり、意識とは質的なものなのである。彼は、すべてをこの「持続の相の下に（羅 sub specie durationis）」見た。始源も、ただたんに時間的に原初に位置するだけではなく、どんな「未開の」自然宗教も持っている神話の時間、「根源史（独 Urgeschichte）」（シェリング[102]）として、いわば一般の歴史とは区別して、歴史を超越する特別の意義を持つ、とする始源論もある。折口信夫[103]はこれを「古代」と言った。また、深層心理学のユング[104]も、神話を共時的にとらえて、その象徴の時空を超える共通性、「元型（独 Archetyp）」に着目した。終末のほうも現在的にとらえて、たとえ量的には一瞬の時間だったとしても、それが質的には「終末／天国／楽園」のように最高の時間だった場合、それを「永遠の今（英 eternal now）」（アウグスティヌス[105]／西田幾多郎／ティリッヒ[106]）とする、終末論もある。シリア宗教の場合も、これらの水平的かつ垂直的な時間観に近いのかもしれない。

(4) 情と意

(1)から(3)で考察してきたように、中期プラトン主義の英知的世界と感覚的世界との二世界論のように、聖と俗(宗教と生活)、超越と自然、精神と身体、来世(死後の霊的世界)と現世(生前の物質的世界)など、二つに分けて考え、前者を後者よりも上に位置づける傾向を二元論とよぶ。聖俗二元論、霊肉二元論、心身二元論、善悪二元論などである。それに対して、シリア宗教では一貫して一元的に考える傾向が強いことが分かる。個々のものがばらばらに存在しているのではなく、相互に有機的に連関している。西洋のキリスト教は、プラトン主義を中心とするギリシア哲学の影響を受けてきたため、シリア宗教に比べると、二元論的傾向を持っている。この点でも、シリア宗教は西洋のキリスト教よりも一元論的傾向が強いユダヤ教・イスラム教の傾向に近い。

二元論の結果、西洋のキリスト教は神と人間を比較して、神の人間的な面を認めない傾向が強かった。なかでも、感情に関する事柄を低く見てきた。聖書では神に関しても感情表現が多数見受けられるにもかかわらず、それを文字通りの意味では認めず、寓意的解釈[107](比喩的解釈)をほどこすことで、その精神的意味だけを重んじる傾向があった。しかし、そもそも『旧約聖書』で見られるヘブライ宗教では、神の感情の表現が多数ある。西洋のキリスト教では、これを「神人同形論(英 anthropomorphism)」(擬人神観)として斥け、額面通り受けとらない傾向が強い。これはギリシア哲学の影響で、特に人間の負の「感情」(希 パトス)に関して、当てはまる。「パトス」は、かなり広い意味を持っているギリシア語なので日本語に訳しにくいが、「情念」、「受動」といったような意味である。これは、ギリシア的人間観による人間の三分法では、最も上の、神と共有する部分「精神」と最も下の、動物と共有する部分「肉体」の中間に位置し、「心」の中では「肉体」に近い劣った部分である。人間の苦しみは、このパトスに由来する。このパトスから自由になり、「無情念」(希 アパテイア)という不動心の境地に達することが、ストア派[108]の最大の目標である。となると、神は身体を持たないゆえに、当然パトスも持たない理想的な存在でなければならない。常にアパテイア状態であって、パトスを持たない神は人間と異なり、苦しむことなどありえない。

この大前提を西洋のキリスト教も受けいれた。近代になってからも、近代西洋哲学の礎を築いたデカルト[109]の『情念論』で明らかなように、情念の負のニュアンスは引きつがれた。その後のカント以降、ようやくこの継続的な負のニュアンスを伴う「情念（独 Leidenschaft）」に対して、瞬発的な必ずしも負のニュアンスを伴わない「情動（独 Affekt）」が区別されはじめたが、伝統的な感情観の影響は今日まで及んでいる。それで、日本のキリスト教神学者、北森嘉蔵[110]が『旧約聖書』から「神の痛みの神学」を再発見したとき、西洋のキリスト教は驚いたのである。しかしながら、ギリシア宗教を含む世界の多くの宗教では、神々に喜怒哀楽がある。つまり、人間同様に感情を持っていて、笑ったり、喜んだり、泣いたり、怒ったり、苦しんだりする。日本宗教の場合も同様で、本居宣長[111]によると、神は情的存在であって、宗教の本質も「もののあはれ」という、よろずのことにしみじみと感動する「情」だった。平田篤胤[112]も、人間が死後に神となったときの、生前の自分との間の自己同一性の根拠を「情《こころ》」においた。これを「主情主義」という。

もちろん、東アジアでも儒教の朱子学[113]が情（情欲・感情）をマイナスなものととらえ、それに乱されない性（本性）の部分のみがプラスのもので、理にかなっているとした（性即理）。それに対して、同じ儒教でも陽明学[114]では、感情を含む、生き生きとしたすべての人の心の中から、正しい道理が生まれるとしたので（心即理）、道教は言うまでもなく、東アジア全体としては、「主知主義」や「主意主義」の傾向のほうが圧倒的に強かった西洋に比べて、それだけに偏ることはなかった。それに対して、西洋の場合は、宗教の本質を情に見るためには、一九世紀前半を中心にドイツで活躍したシュライエルマッハー[115]の「絶対依存の感情（独 schlechthinniges Abhängigkeitsgefühl）」を待たなければならなかったのだが、その後のジェイムズ[116]の宗教心理学もこの流れを汲んでいる。

この感情そのものとして、アウグスティヌス[117]が選んだのは愛（羅 caritas）だったように、その類型的理解の場合も、一般に「エロース」（エロス）の愛が身体的愛、「プラトン[118]的愛（英 platonic love）」（プラトニック・ラブ）が精神的愛と思われているが、これは誤解である。どちらも、ギリシア語（ギリシア人）なので、ギリシア語で類型化すると「エロース、アガペー、ピリア（フィリア）」からなる愛の三類型（ニーグレンら[119]）になる。「エロース」は、下のものから上のものへ向かう愛で、プラトン主義が代表するように、真・善・美などなんらかの価値を持っているがゆえに愛する愛である。「アガペー」は逆に、上のものから下のものへ向かう愛で、価値がないにもかかわらず愛する愛、慈愛のことである。たとえば、キリスト教がその典型としてあげられるが、仏教の慈悲もそうである。日本哲学の第一人者、西田幾多郎[120]で言えば、互いに異質で「絶対矛盾的な」神と人を、それにもかかわらず一つにする「愛」のことである。「ピリア」は、同等程度のものどうしの横に向かう愛で、たとえばアリストテレス[121]における友愛のように、特別の理由もなしに、日常的に愛している愛である。アリストテレスの友愛とは、「もう一人の自分」に対する自己愛のことなのである。このうち、「ピリア」は人間どうしの愛の場合が多いので当然、自然の感情的な愛が含まれる。それに対して、「エロース」は身体的愛ではなく、むしろ精神的な愛の場合が多い。そうなると、身体に近いパトスによる感情的な愛ではないことになる。ただ、「プラトン的愛」は、精神的愛とは限らず、精神的にも身体的にもなりえる。肉体の美から精神の美へと向かう愛である。「アガペー」は慈愛であるから、慈しみには当然、感情的な愛が含まれるように思われるが、愛の主体である「上のもの」が西洋の神の場合、前述のように感情的な愛ではないことになる。

もちろん、キリストの場合は神でもあり人間でもあるから、例外のはずであるが、感情はキリストの場合ですら、あまり扱われない。したがって、キリストにならって（羅 imitatio Christi）、人間も感情を抑えるのが、理想的とされてしまう。実際のところ、キリストは受苦（受難）して、十字架にかけられたので、これをパトス（英

passion）という。それで、感情が扱われる場合でも、キリストの受難（パトス）との関連で負の感情としてのパトスが論じられ、喜びのような正の感情は度外視されることが多い。そんな中で特筆すべきなのは、（東）シリア宗教における神の「エウドキア」の高い位置づけである。この特殊なギリシア語は、訳しにくいが、「好《よ》しとすること」を意味する。「何かを喜んで、『これはいい』と思うこと」、「他のものよりも好んで、それを選択する意志」のことである。簡単に言うと、「喜び」と「望み」という二つの意味を持つ。「喜び」のほうは、特別大きな喜悦を表す語なので「満悦」のことで、「望み」のほうは強い願望を表すので「切望」のことである。

これが神と人間との関係に適用される場合、エウドキアを「人間に対する神の行為」と取る傾向があり、神の喜悦の対象として人間が考えられている。また、人間の救済に関する神の強い願望、という場合にも多く用いられる。このように、エウドキアの意味においては願望と満悦の二つは常に連関していて、感情単独でもなく、意志だけが切り離されうるのでもなく、いわば「情意」（西谷啓治[122]）としてセットになっている。以上のことは、人間一般に関するものだったが当然、人間としてのキリストにも当てはまる。キリストの受肉に関して、その原因としての神の強い意志だけではなく、神の喜びという感情も意味されていた。この二つの関係をより詳細に分類すると、「願望から喜悦へ」と「喜悦から願望へ」の二つの場合が考えられる。つまり、「目的としていた願望が実現した結果、嬉しいと思う」場合と「喜悦したことが原因となって、それに対して望みを抱く」場合とに大別できる。

これをキリストの神の面と人間の面、それぞれに当てはめてみる。まず、神としてのキリストに関しては、神はキリストに満悦しているので、この世に来臨することをキリストに切望した。キリストは、神の願望を実現するために世に来臨した。その結果、神が喜悦した、となる。他に、キリストに対する神の喜悦の理由として、両者の同等性、一体性が強調されている。この中に、もちろん意志の同一性も含まれる。つまり、キリストの神性が強調され、神の喜悦もこれに対するものである。この点では、もちろんユダヤ教・イスラム教と異なる。キリストの神性を一切、認めないからである。

しかし、ユダヤ教とは異なって、イスラム教は預言者としてのイエス・キリストは認めているのだから、人間イエスの預言者性自体は、神のほうに近づく。したがって、人間性を拡大し、神性を縮小していくことで、イスラム教のイエス観に限りなく近づくことは可能である。したがって、イエス・キリスト観についても、シリア宗教とイスラム教は絶対的に異なっているのではなく、相対的な差異があるに留まる。また、この点でシリア宗教は西洋のキリスト教の主流とも、たもとを分かつ。キリストの神性を徹底して強調する単性論（一性論[123]）は言うまでもなく、比較的キリストの神性を強調するギリシア正教や西方キリスト教の両性論（二性論[124]）的キリスト論でも、イスラム教とは相いれない。その点、人性と神性をまったく同等に強調し、結果的に当時のキリスト教の中で最も人性を強調した、東シリア・キリスト教の徹底的な両性論だけが、イスラム教との共通性の可能性、ひいてはユダヤ教との共通性の可能性を残す。このキリストにおける人性と神性の問題は複雑なので、第三章（3）で特に仏教と比較して、詳しく扱う。

次に、人間としてのキリストに関しては、「神が自らが喜ぶ人間に対して共働を望む」という意味になる。つまり、この神の望みと人間の共働は必然的につながっている。これをキリストだけではなく、人間一般に適用すると、神の望みは特定の人間に対する神の共働の意志、ということになる。この神の人間との共働について詳しくは（5）で扱うが、神がある特定の人々を喜び、その人々と共働したいと望むことは、神人共働の条件とされている。東シリア神学の第一人者テオドロス[125]も、神の「御言葉」（希 ロゴス）の人間への内住に関する、きわめてキリスト論的な議論をおこなう中で、「エウドキア」を特定の人間の一所懸命さに対する神の喜悦に基づく神の意志、と定義した。この貴重な定義によると、「エウドキア」は神の「望み」の一種である。しかも、この「望み」は神の喜びに基づいておこなわれる。そして、この神の喜びは特定の人間に対するものである。つまり、神に喜ばれた特定の人々に対する格別の望みのことである。

以上で「エウドキア」を中心にシリア宗教における情と意を考察してきたが、神の感情の問題としては、御子の受肉の原因と結果という重要な点で、神の喜びという感情が考えられている。このように、神とキリストが豊かな感情を持ち、それが表されているのであるから、人間も同様に豊かな感情とその表現を肯定的にとらえるべきということになる。ただ、人間の心の中の伝統的な三機能「知・情・意」の中で、感情はそれだけ切り離されるものではなく、常に意志との連関の中に存在する。意志と感情は表裏一体のものだからである。この点に関しても、ユダヤ教・イスラム教の傾向と一致する。日本語でも、これを「情意」とよぶ表現があるが、日本仏教の浄土真宗の親鸞[126]も、「すべてよろづのことにつけて、往生には、かしこきおもひを具せずして、ただほれぼれと弥陀《みだ》の御恩の深重《じんじゅう》なること、つねはおもひいだしまいらすべし」(『歎異抄』)と述べていて、救済における知(「かしこきおもひ」)に対する情意(「ただほれぼれと……おもひいだし」)の優位が見られる。それに対して、科学中心主義をはじめとする知性偏重の主知主義に対しては、シリア宗教のように情意を強調することで、バランスを取ることができる。これを特に、現代に位置づけてみると、とかく西洋を特徴づけてきた「ロゴス(理性)中心主義」(ジャック・デリダ[127])に対しては、「感性」(希　アイステーシス)の復権を訴えていることになる。

(5) 神人共働論

シリア宗教をはじめとする唯一神を奉じる一神教では、神の絶対性、全能性が強調され、その支配の下に人間を含むすべてのものが服していると思われがちである。その場合、運命のように神の意志が一方的に決められていて、だれもそれには抵抗できないのではないか。これに対して、「根源悪」(カント[128])、「絶対悪」のような悪の力を最大限まで認める立場は、典型的にはゾロアスター教[129]のように善悪二元論的になる。善神に対して悪神が拮抗していて、その結果として人間も、この二つの勢力のいずれかの側にある、とする。その善悪二元論の影響は西洋のキリスト教にも及んでいる。それは、アンチ・キリスト（反キリスト）である。これは、『新約聖書』の黙示録に登場するキャラクターで、絶対悪を体現する悪魔的存在である。この世界を、キリストの側の善の勢力とアンチ・キリストの側の悪の勢力との対決の場とする世界観は、善悪二元論である。この世界観の影響は、狭い意味での宗教の枠を超えて、現在のハリウッドのホラー映画をはじめとする、現代文化にまで強く残っている。この考えを徹底すると、人間の自由意志は存在せず、善神と悪神のどちらかの操り人形にすぎないことになってしまう。しかし、破壊と治癒の神であるヒンドゥー教のシヴァ神のように、二つの別々のキャラクターに分裂せずに、この善と悪の両面をあわせ持つことは、可能なはずである。シリア宗教でも、善悪二元論が厳しく批判されたが、そもそも本書が中心に扱う四世紀では、黙示録はシリア語の聖書には入っていなかった。

それに対して、古代ギリシアのように、悪を実体とは認めず、ただの「善の欠如（羅 privatio boni）」にすぎない、とする考え方がある。これによると、悪それ自体は存在せず、ただ善が少なくなっている状態を便宜的に「悪」とよんでいるにすぎない。伝統的には、日本宗教もこのタイプに属し、本居宣長[130]によれば、道徳的な悪は祓い（祓除）によって清められるものだし、どんなに悪い人の場合でも、死んだら帳消しになる程度のものだった。もちろん、基本的には凶悪なものが存在しない平和な社会では、この考え方でも問題がないと思われるが、悲惨な事件や苦しみが頻発する現実を見ると、その原因の説明としては弱いだろう。もちろん、このあい対立する「善」と「悪」の二つを総合して、「反対の一致（羅 coincidentia oppositorum）」の立場を取った、ドイツのニコラウス・クザーヌス[131]のような例外もあるが、ほとんどの場合は程度の差こそあれ、この善の欠如とする立場と善悪二元論の両極端の間に位置するだろう。

シリア宗教の場合は、今まで見てきた通り、人間の自由意志の尊重も強調されている。これを「神人共働論／神人共働説（英 synergism）」という。救済宗教にとって重要な救済に関して言えば、他力救済説に対する自力救済説である。また、悪の問題への回答もおのずから、分かる。「もし、神が善であり全能であるなら、どうしてこの世にはこんなにも悪や苦しみがあるのか」という神義論的問い[132]のことである。人間の自由意志による選択を最大限に尊重するということは、悪を意志し、悪を実行する可能性も最大限になってしまうことにもなるからである。したがって、自ら善を選ぶことも、悪を選ぶことも、その人しだいであり、その人が責任を負うのであるから、悪も必然ではなく、結局は神や悪魔を含む他者のせいにはできないことになる。この自由意志の強調という点では、シリア宗教はユダヤ教・イスラム教と一致する（主意主義）。ただ、ここで自由意志の問題が集中して扱われると、あたかも意志だけが単独で働いているような印象を与えるかもしれないが、すでに（4）で扱ったように、シリア宗教などではそうではなく、情と一緒になった情意として、意志も働いていることを念頭に置いておく必要がある。

西洋のキリスト教の中では、カトリックをはじめとする西方キリスト教を代表する神学者アウグスティヌス[133]やプロテスタントの創始者ルター[134]が、善悪二元論の立場に近づいている。一六世紀のルターの著書『奴隷意志論』の題名がすでに示しているように、自然状態で人間は罪、悪の奴隷であって、自力ではいくら善を選択しておこないたくても、それを意志することもできない。この徹底して悪を選択しておこなわせようとする存在を実体化すると、悪魔（悪神）になる。

この点ではむしろ、シリア宗教ではなく宗教の枠を超えて、法然[135]の浄土宗、親鸞や蓮如[136]の浄土真宗のほうが彼らと一致する。一三世紀日本の仏教者、親鸞[137]の主著は『教行信証』だが、ここではもっと彼の考えが分かりやすい、親鸞語録とも言うべき、唯円の『歎異抄』による。まず、親鸞では「さるべき業縁《ごうえん》のもよをせば、いかなるふるまひもすべし」とされ、自分ではどうしようもできないほどの悪の根源としての業《ごう》（カルマ）の圧倒的な力を認める。だからこそ、自力救済の可能性は完全にたたれ、「たとひ、法然上人にすかされまいらせて、念仏して地獄におちたりとも、さらに後悔すべからずさふらふ。……いづれの行もおよびがたき身なれば、とても地獄は一定《いちじょう》すみかぞかし」と言う。浄土宗の法然は親鸞の師だが、たとえ彼の唱えた革新的な専修念仏という教えが嘘だとしても、これに頼るほかはないほど、いかなる善行も自分には無理であることを認めている、というのである。それで、ただ仏の「御恩の深重なること」（慈悲）による救済に頼るしかない。これを「絶対他力」という。「わがはからはざるを、自然とまうすなり。これすなはち他力にてまします」ので、具体的には、いかなる行も人を救うことはできない。が、「ただ念仏のみぞまことにておはします」ので、ただ「南無阿弥陀仏」と仏の名を唱えるだけで、悪人のままで義とされる（「念仏は無義をもて義とす」）。これを「信心為本」の立場というが（「今生に本願を信じて、かの土にして覚《さとり》をばならひさふらふぞとこそ」）、この信心そのものも、自らの力によって得たものではなく、仏より一方的に与えられたものである。それで、「如来よりたまはりたる信心を、わがものがほに、とりかへさんとまうすにや。返々《かえすがえす》もあるべからざることなり」と言われている。したがって、いくら念仏をしたからといっても、それ自体は自分の功徳（くどく）にはならないので、「親鸞は父母の孝養《きょうよう》のためとて、一返にても念仏まうしたること、いまださふらはず」。というわけで、人間は絶対的な仏の前には平等で、人間の側の功徳のありなしもなきに等しいので、自らの悪を自覚しやすい悪人のほうが、まだ救われやすいのである。これが有名な悪人正機説である（「善人なをもて往生をとぐ、いはんや悪人をや」）。結果として、救済に必要なものとしての一切の「行」が否定されることになる。

　これをマルティン・ルター[138]と比較すると、もちろん用語は相違するが、「業縁」を「原罪」に、「仏」を「神」に、「慈悲」を「恩恵」に、「南無阿弥陀仏」を「ああ、神さま」に、「悪人のままで義とされる」を「信仰義認」に、「信心」を「信仰」に入れ替えるなどすると、ほぼそのままルターにも適用可能な考え方である。それに加えて、自らの功徳（こうとく）の否定や「仏の前には」という表現までも、ルターの常套句である「神の前には（羅 coram Deo）」と一致する。「念仏者は無碍《むげ》の一道なり」という、現在でいう「念仏者の自由」もルターの主著の題名でもある『キリスト者の自由』に通じる。ついでに言うと、親鸞がはじめて出家の身のままで妻帯をしたことも、聖職者の結婚を禁止したあとの西方キリスト教ではじめて、聖職者のまま結婚して、聖職に留まり続けたルターとそっくりである。「親鸞は弟子一人ももたずさふらふ」と述べて、仏の前に上下関係を否定した平等な態度も、ルターの万人祭司の主張と似ている。この東西の二人の巨人の間には影響関係がなかったにもかかわらず、逆説的考え方が共通している。もちろん、その他の点で相違も存在するのは当然で、たとえば親鸞は仏のはからいに抱かれた境地を「自然法爾《じねんほうに》」と表現したが、ルターならこのように「自ずから、法としてそうなる」とは表現しなかっただろうし、「聖書のみ（羅 sola scriptura）」を唱えたルターは、聖書のドイツ語（母語）への翻訳が彼の主要業績の一つとなったが、親鸞はそのようなことはなかった。しかし、少なくとも、最も重要な絶対的な他力救済の主張に関しては、宗教の枠や用語の違いを超えて、基本的には同じ考えと言える。

それに対して、親鸞と同じ鎌倉新仏教を代表する曹洞宗の道元[139]は、「他力救済」とは真逆の立場の、有名な「只管打坐」による「自力救済」の立場を取っている。彼は主著『正法眼蔵《しょうほうげんぞう》』の中で、悟りを得たときの「身心《しんしん》脱落《とつらく》、脱落身心《とつらくしんしん》」という師の言葉を引用して、我執を捨てて、真の自己こそが仏であることに気づいた、無心の状態を語った。仏教は全体として、彼が徹底した自力救済を旨とする。もちろん、悟りに必要なものとして、本来は難行苦行は否定するものの、坐禅をはじめとする、自らのなんらかの「行」は、必要とされている。したがって、道元らの自力救済にも他力的な要素もあるにはあるが、大まかに見て、親鸞の絶対他力は世界の仏教全体の中では、極端かつ例外的である。しかし、もちろんその「易行」だけが原因ではないが、親鸞の浄土真宗を含む、浄土系仏教が現在、日本では最多の信者数を有している。しかも、非仏教化が進んだ現代社会の一般でも、親鸞の思想は仏教の狭い枠を超えて、大きな人気を博している。それゆえに誤解も大きい考え方ではあるが、普遍宗教としての仏教の特殊化、日本化という点では、成功例と言えるだろう。同様に、シリア宗教をはじめとする西方以外のキリスト教では、このようなアウグスティヌス[140]が提唱した原罪説は、受けいれられなかった、もちろんユダヤ教・イスラム教でも同様である。したがって、ルターやアウグスティヌスの考え方は、本来の普遍宗教としてのキリスト教が特殊化、西方（西欧）化を徹底した好例と言えよう。

前述のように、シリア宗教の場合は人間自身の働きによる救済、つまり自力救済も強調されている。これを「神人共働論」と言ったが、ここではクリュソストモス[141]を中心に、この神人共働論を救済行為に限定せず、日常の働きから大業まで、人間の働き(活動)に焦点を合わせて、それと神との関係を考察してみることにする。たとえば、よく問題になるのが、もし神が全知全能ですべてを思いのままに支配しているのなら、人間のあらゆる活動など無意味、不要なのではないか、ということである。神に任せていれば何でもやってくれるし、人間の貢献など、しょせん取るに足らないことのはず、だからである。しかし、シリア宗教では人間が神の共働者とされている。これは、神と人間がともに働くという、ある意味で対等な相互関係で、神と人間が互いに助け合って同一のことを働く、という意味での「共働」である。

この共働をもう少し詳しく考察してみよう。シリア宗教によれば、そもそも自ら神と共働できるのは、人間だけである。神のほうは、他のものと共働できるのだが、人間との共働を選んだことになる。神が人間と共働する場合に、特に摂理的配慮と結びついて考えられている。神は救済のさい、人間の自由意志を妨害せず、自己決定を尊重した。人間は意志のない無生物ではないからだ。神が共働を強制しない以上、個々の具体的な共働は、人間が開始しなければならない。もちろん、意志する内容は何でもよいわけではない。善行の他に、神の思い、救済行為をおこなうことなどがあげられる。

この共働を人間の側から見れば、とにかく実行を意志するだけでよい、ということになる。逆に、これすらしないならば、救済もない。これと、ただ何もしないこととでは、大違いである。とにかく、開始してみることが肝要である。それを意志できるのは、人間に他ならない。ただ、最初に意志することが重要だとしても、やはりそれだけで十分なのではなく、次は実行に移すことだろう。行為なしにただ意志するだけならば、無意味だからである。ただ、そうは言っても、実行はそれほど難しいことではない。そのとき、人間しか働いていないように見えるかもしれないが、神の共働がはじまるからである。その人間の働きとは、具体的には努力、聞くことなどである。同様のことは、祈りについても妥当する。

それでは、人間が神との共働を意志し実行に移した結果は、どうなるのだろうか。人間が自分の選択が先行して、よい働きをはじめた場合、神の恵みの全面的協力があることが主張される。神の恵みが人間の働きのあとに来ることは、人間が神の共働を「引きよせる」と表現されている。自由意志によって完成する神の共働への信頼を表明した働きの結果、神の恵みが来る。神の働きを導くのが人間の働きだからこそ、賞賛に値するのである。これまで考察してきた人間の意志と実行もすべて、神の働きを引きだすために必要なことだったのである。しかも、このことは周辺的な内容でも、一時的な原則でもなく、不動の真理だと宣言されている。

さて、人間が働く必要があるとしても、逆に万事が人間しだいなら、人間は非力なので安心できないのではないか。このような疑問に対しては、次のように考えられている。もちろん、人間は万事を働くことができるわけではない。特に、人間の自然本性を超える業に関しては、神の共働が不可欠とされる。また、共働の主導権も人間にあるわけではない。前述の人間による神の共働の引きよせも、神の側から見るとこうなる。神はその慈愛ゆえに、人間と共働したいと思っている。しかし、その名誉ゆえに、やみくもに共働することはできない。したがって、人間の側の共働を待っている。つまり、第一に万事が神によって起こるのではなく、人間も分担しなければならない。第二に、確かに神は人間に分担を求めるが、万事を求めることはない。両極端を否定して、共働が主張されているのである。そのさい、神の分担と人間の分担が決まっている。

神の慈愛深さは、まだ共働を意志していない人々やまだ実行していない人々にさえ向けられている。それならば、すでに意志し、実行した人々に対しては言うまでもないはずである。この場合の人間の働きは、必然的に神の働きを導く。これはいわば、神は神を助ける人間を必ず助ける、ということである。ただ、一般的にはそう言えるのだが、具体的にだれと共働するかは、あくまで神の決定と好意による。神が人間の申し出を見た上で、共働するか否かを公平に判断する。共働は神の決定を必要とするので、人間だけで勝手にできるわけではないのである。まさに、「人事を尽くして天命を待つ」。

さて、神による共働が決定された人間の働きは、その後どうなるのだろうか。神が共働すると、人間の働きは簡単になる。ただ、神の共働は人間の働きをしやすくするだけであって、神が人間のなすべき働きを肩代わりしてくれるわけではない。したがって、有名な「恵みのみ（羅 sola gratia）」という言葉も、人間がいつまでもそれに依存して、自分で働く必要がないことを意味しない。「恵みのみによる救済」も、被救済者の誉れを無視することではない。人間の働きを見て、それに応じて援助する。これは、いわば「なおのこと共働する神」の原理である。人間の共働は、決して徒労には終わらない。それに神の共働が呼応すれば、困難な働きも実に容易になるので、安心できる。ただ、それが常に人間の目にも明らかなわけではない。逆に、最も容易に見える状況でも、神の共働はおこなわれる。神は人間の働きを奪わず、人間の働きや思案が及ばない領域で働くことで、援助を行っている。それが、摂理的配慮である。その結果、万事が善に変わっていく。神が共働している場合、人間の働きは容易になり、その結果容易に完成することになるので、安心できる。つまり、共働を開始したのは人間だったが、それを完成させるのは神の役割である。善行は人間だけのものでもなく、神だけのものでもない。その両方の単働が否定されなければならない。そして、人間の働きを完成するのも、神である。

最後に、人間の働きと神の働きの関係を考察すると、次のようになる。本来、万事は神のものであるから、神自身としては何も不足しておらず、人間の共働を必要としてはいない。もちろん、すべての神の働きが人間との共働であるわけではない。特に、創造の業においては、人間はおろか、いかなるものとの共働も強く否定されている。その神が、救済の業においては、人間への慈愛ゆえに人間による共働を求めた。そうしなければ、人間は本来怠惰であるから、何も働かない傾向がある。何も働かないままであれば、神の共働も救済もないからである。人間の尊重がなければ、そもそも共働は成立しえなかった。神の共働を引きよせたのが必然でなく人間の意志だったように、人間の共働を求めたのも必然ではなく、神の意志だったのである。ここでは、万事を変える神の共働と人間の共働の両方を重視し、この二つの相互関係もかなり考察されているのが、特徴と言える。決して、神の全能の働きをなおざりにするわけではないが、この場合の主要な問題意識は人間の怠惰さに向けられていた。だからこそ、人間の尊い苦労が非常に高く買われていた。それでも、同時に神の慈愛の深さも痛感していた。シリア宗教では、その両方をなんとか最大限に生かそうとして、バランスが取られていた。

この共働がうまく成立している場合、人間が働くとき、常に神も共働しており、神が人間に共働を求めるとき、それはすでに神の働きでもあった。その場合でも、働きの内容は相互に異なっている。神でなければできない働きがある。それと同様に、人間でなければできない働きがある。その両者それぞれの分担が明確に決まっているからこそ相互に代替不可能で、いずれか一方が欠けても共働は成りたたない。名ばかりの共働ではなく、このようにあくまで両者の相互的働きこそが、「共働」の名に値する。その理想的状態では、神人が相互に共働し合い、相互に共働者である。ただ、神が共働者であることは本来的だが、人間はそのままで神の共働者であるのではなく、共働者になるのだ。

以上でシリア宗教の神人共働論を見てきたように、神は人間に共働を求めたが、強制はしなかった。人間は自由意志によって神の業を働くことを意志し、実行してその結果、神の共働を引きよせる。共働することを決定した神はその人間を援助して働きやすくし、人間の能力を超えた領域で摂理的に配慮して、人間の働きを完成させる。人間は神の働きの領域を働くことができないし、神も人間の働くべき領域を人間に代わって働くことはない。この働きは互恵的で、相互に相手にとって必要不可欠であり、言葉の真の意味で「共働」なのである。最後に、この共働論と「神の支配」の考えは、両立可能である。第一に、共働の存在根拠はあくまで神がそれを求めたことにある。第二に、個々の共働は神の思いに従って人間が思う場合にのみ、成立する。第三に、共働の実行は人間がおこなうが、それに神も参加するので、同時にそれは神がおこなっていることにもなるからだ。したがって、これも「神の万物支配」解釈の範囲内にあると言え、『新約聖書』のパウロ(142)の「恵みのみ」という主張とも矛盾しない。このような共働論の視点から見た場合、神人いずれかの単働だけを主張する方がむしろ、不自然に見える。この理解なしに、共働論から一部の言説だけを取りだして、後の西方キリスト教の別の視点から判定する場合に、ペラギウス主義[143]のような「神人共働説の異端」という偏見、見当違いの批判が可能になる。

以上のように、結果的にシリア宗教としては人間の自由な働きが重視される。ひいては、人間社会、歴史、文化の意義が高く位置づけられる宗教ということになる。近代では特に神人思想によって、人間の歴史の中に、人間の自発的働きとともに神の関与をも十分に認めた、歴史哲学をはじめとする、近代ロシア宗教思想（ドストエフスキー[144]、ソロヴィヨフら[145]）と類似しているが、西方キリスト教とは似ていないのである。結果として、人間の働き、すなわち、広い意味での「行」を肯定している点では、十戒[146]のユダヤ教、五行[147]のイスラム教、五倫[148]の儒教、それに八正道[149]の仏教などと一致する。特に、仏教の「覚」との類似性、比較については、第三章（3）で詳しく扱う。

シリア宗教では、狭い意味での宗教だけではなく、生活だけでもなく、宗教と生活の両方が重要だった。身体だけでもなく精神だけでもなく、身体と精神、霊的世界だけでもなく地上の現世だけでもなく、死と生の両方が、感情だけでもなく、意志だけでもなく、情と意の両方が、そして活動においても、神だけではなく、人間だけでもなく、神人の共働が重要だったのだ。シリア宗教では、このようにあい異なる二つのものを二元論的に分離、対立させて考えるのではなく、各々の独自性を十分に尊重しつつも統一的に考える仕方を選択した。つまり、決して二元論ではないばかりか、たんなる一元論も超えている、ということになろう。それによって、狭い意味での「宗教」のみの宗教ではなくなった。神だけではなく、人間だけでもなく、常にあくまでも「神人」として二つ一組で考える。この「一」性と「二」性との関係という重要な問題についても、第三章（3）で詳しく取りあげる。

第二章　神、知、関係

(1) 神理解の可能性

第一章では、非宗教の側の関心事である身近な、人間をテーマとした。いわば、非宗教の側からの問いに宗教の側から答えていった。第二章では、今度は宗教の側が重要視する、主要登場人物（キャラクター）からはじめてみたい。宗教にだれが登場して、それはどのような人物なのか、は重要なことだろう。ただ、ここでただちに問題が生じる。それらは、必ずしも「人物」ではないからである。宗教の言説には、もちろん人間も登場するが、その最も中心にいる最重要「人物」は、むしろ一般の人間とは異なる存在、いわば人間世界の他者なのである。これは、宗教によって様々な名称でよばれるが、本書では日本語で最も一般的に使用される「神」とよぶ。本来、国学者の平田篤胤(150)も言うように、この日本語の「神」の語義は宗教研究におけるすべての語義の中で最重要な課題であるはずだが、同じ国学者の本居宣長(151)はその語源を不明とした上で、「尋常《よのつね》ならずすぐれたる徳《こと》のありて、可畏《かしこ》き物」（『古事記伝』）と定義している。現代でも、国語学者の大野晋などは、有名な新井白石(152)によるカミを

「上《かみ》」に由来するとしたような、他の日本語語源説を俗説として排し、タミール語からの外来語説さえ説いている。本書でも語源は問わず、これを「新国学」とよばれた民俗学による、内容上の分類で代えることにしたい。

民俗学とは、『遠野物語』で有名な柳田国男[153]がはじめた日本の学問で、彼と弟子の折口信夫[154]は、戦前の沖縄でフィールドワークをおこなって、日本宗教の神々の最も古い形態を研究した。その結果、様々な神々を高神と来訪神の二種類に分類している。高神は無形で、目に見えず、何か高いところに常在しているような至上神で、来訪神は海の彼方の常世《とこよ》から訪れて、人々に幸を与える「まれびと」（折口）のように、特定の時期や役割、場所に限定して働く、異形の神々である。やはり宗教としては、このような神について扱わないわけにはいかないだろう。すでに第一章でも人間の考察の前提として、神人関係の考察が必要だったが、第二章ではその神人関係が問題になる場合でも、主に神のほうの観点から、考察することになる。

さて、さっそく神についてだが、そもそも神は実在するのだろうか。もし、神がいないのであれば、そのような対象を考察しても、無意味なのではないだろうか。実際、過去二千年以上にわたって、この神の存在証明[155]が試みられてきたが、本書では解釈学的方法を取っているので、これを扱わない。つまり、たとえ神がいないとしても、神がいると考えてきた宗教は現に存在しているのであるから、宗教の考える神はどのようなものかを理解する必要がある。もちろんその結果、無神論を支持したり、宗教の考えを批判することは一向にかまわないが、まずは宗教の側の言い分を十分に聞かずに、それを適切に批判することはできない。そこで、本書では非宗教的、客観的、直接的に神の実在そのものを扱うのではなく、存在しているものとして宗教で主体的に考えられている神は、どのような存在と考えられているのか、を扱う。そのため、論理実証主義[156]のように、たんに「神」という言葉が自然科学や論理的に無意味という理由で、神自体を扱わないのではない。神それ自体ではなく、宗教で「神はいる」と考えられている「神」を扱うので、厳密には必ず括弧つきで「神」と常に表現すべきだが、実際にそうすると非常にわずらわしいので、便宜上、括弧は省略するが、括弧がない場合でも常に「神」を意味していることを念頭に置いていただきたい。

それでは、神が存在することは宗教で当然のこととして前提されているとしても、その神を人間が実際に知ることはできるのだろうか。もし、人間には知ることが不可能であれば、少なくとも私たち人間にとっては意味のない考察になってしまうだろう（不可知論）。実際、本書が要とする中東のシリア宗教（以下、「宗教」と略す）は、この神認識の不可能性を強く主張する。西洋哲学の認識論もそれを主張するが、認識対象としての神自体の中に区分を設ける。たとえば典型的には、神の本質は認識不可能だが、神の存在までは認識可能とする。つまり、人間は一般に神そのものをあるがままに知ることはできないが、神がいるという事実くらいは知ることができる、というのである。あるいは、「神は……である」という事実は認識可能だが、それが「どのようにして……なのか」という理由や方法は認識不可能、とする。このように、認識対象の側になんらかの区別をつけるのが、特徴である。

宗教は、このような「客観的」認識論には、くみしない。むしろ、「客観性」を標榜するこれらの神認識を勝手な思いこみ、妄想のイメージとして斥け、人間の頭の中にしか存在しない、主観的「神」にすぎない、と主張する。このような非宗教的な認識者が、いくら途中までは神認識が可能だし、「実際に神を知っている」と主張しても、それは神ではないし、真の神認識は彼らにとっては絶対に不可能、とする。その根拠としては、神が偉大で人間が卑小であるため、神と人間は隔絶していることが、あげられている。能力的にも低いため、人間は神を認識することができない、というのだ。

それでは、不可知論と同様に、人間は神を知ることがまったくできないのだろうか。宗教は、この懐疑主義(157)から来る不可知論も否定する。結論から言えば、「分かる人には分かる」のである。人間の側の一方的神認識の不可能性を強調しつつも、神の側から人間への伝達の可能性も同時に強調する。人間の側からの、自ら主導権を握ったアプローチだけでは無理だが、逆に神の側から人間の側へのアプローチは確実に可能、というのである。それは、神の側が自らを人間に示そうと意図し、そのために人間に分かるような仕方で自らをすでに表現した上、あとは人間が理解するのを待っているからである。もちろん、「たとえ神が存在したとしても、人間などには興味を持たないので、人間世界に関与することはない」とする、理神論[158]の立場は取らないのである。むしろ、人間の側のほうが、このすでにある神理解の可能性に気づかないでいるか、あるいは知っていながらそれを拒否している、と考えられている。逆に、認識不可能だし認識してはならないことばかり、せんさくしていることがある。しかし、しょせんそれはかなわない。それは、神が隠しているからだ、という。その場合でも、むしろ神の側にはそうする必要はないのにもかかわらず、人間への慈愛のゆえに、熱心にアプローチを続けている。あとは、人間の側がこの事実に気づいて、それを受けいれさえすればよいのに、まだそうしていないことになる。以上のような宗教の主張は、むしろ神理解の可能性のほうを最大限に強調している。

したがって、一方では西洋の認識論のように、いくら神を「客観的に」人間の認識対象として、認識しようとしても、神は認識不可能だが、他方では宗教のように神の側の自己伝達を受けいれようとする人間にとっては、神理解はまったく可能なのである。これは、認識対象による相違ではなく、認識主体による相違である。神の側の認識可能部分と不可能部分を区分するのではなく、人間の側の認識可能者（信仰者）と不可能者（せんさく者）を区分している。具体的には、この区分は神の伝達手段である聖書という聖典理解の相違の原因とされている。まったく同じ聖書を読んでいても、その理解が大きく異なってしまう要因として、聖書の側ではなく人間の側の態度の相違があげられている。聖書の読みは、神に対する読者の姿勢が反映されたものになる。神の情報を一方的に入手し、それをコントロールして、自分のために利用する意図をもって神に近づく人々は、ことごとく斥けられ、逆に最初から神からのよびかけに答えるために近づき、ただ互いにもっと親しく交流したいという意図を持っているだけの人々は全面的に受けいれられるのである。日本宗教でも、本居宣長は神典としての『古事記』を信じていたので、そこに書かれてあることをすべて真のこととして読んだ。どんな不思議なことでも、ありのままに受けいれたのである。

これは、もはや神認識の問題ではなく、神人関係の問題である。「はじめに関係がある」(『我と汝』)と述べたマルティン・ブーバー[159]は、人間と「永遠の汝」としての神との「我‐汝」関係を根源語とみなした。西田幾多郎[160]も、宗教の本質を論じて述べているように、そもそも「宗教とは神と人との関係である」(『善の研究』)からだ。そもそも、もちろん、人間にとって知りえることと知りえないことが存在するのは当然だが、宗教では主にその「知」の観点からこの事柄を見るのではなく、コミュニケーションの観点から見ている。通常の認識論とは異なり、「認識対象」からの働きかけがなければ、それを認識できないからである。逆にそれがあれば、確実に理解できる。ただ、神の側が慈愛によって働きかけさえすれば、自動的にうまくいくわけではない。今度は、人間の側が自由意志でもって、この働きかけに答える必要がある。これによって、はじめて相互関係が成立して、本来、神と人間との間にあった大きな差異が乗りこえられる。この親密な神人関係があってはじめて、人間の側の問いに神の側も答え、人間も神を理解できる。人間の側からの一方的な神認識ではなく、相互理解の中の一環としての神理解である。人間の側の区分でいうと、信仰者の場合は自由意志でもって、神を理解するが、せんさく者の場合も自由意志でもって、誤った神認識をしている。

このように、神理解がうまく成立した場合の描写は非常に難しい。これについては、フランツ・ローゼンツヴァイク[161]が名著『救済の星』第三巻で、ユダヤ教の神経験を語った部分が最もよく表現しえていると思われるので、難解なテクストだが引用しよう。

神の本質は、それが真理であれ〈無〉であれ、神の完全に本質を欠いた行為、完全に現実的な、完全に近しい行為、つまり神の愛の行為において溶けてなくなってしまう。そして、神の完全にあらわなこの愛の行為がいまや、本質の硬直状態から救済された空間へと入りこみ、はるか遠くはなれたところまでも満たすようになる。

この点で、シリア宗教の神もたんなる「認識対象」に留まっていられる神ではない。自ら積極的に人間に語りかけ、関係を結んでいく「主体」である。信仰者のほうも自らの自由意志によってその語りかけに応答し、相互関係の中に入っていく。この場合、西洋の認識論とは異なり、神と人間という主体どうしの関係が重視されている。具体的には、聖書解釈の成否も解釈技術の巧拙などではなく、この神人関係いかんにかかっている。したがって、「分かる人には分かる」が、「分からない人にはまったく分からない」ことになる。

(2) 内在と超越

(1) では、宗教のいう神理解の可能性の主張を理解しようと試みた。しかし、それはまだ可能性の理論的基盤にすぎない。それでは、神理解はより具体的にはどのようにして可能なのだろうか。まずは、あえて「知・情・意」中の「知」の観点から、これを考察してみることにしたい。今、知に対する宗教側の姿勢を整理してみると、肯定型、否定型の二つに大別できるだろう。知に対する肯定型では、宗教にとって最も知を重視するものとしては、完全知、全体知を指向する立場だろう。これは、宗教にとって知とは「知れば知るほどよい」ものということである。たとえば、西洋のキリスト教の神秘主義[162]のように、「至福直観(羅 visio Dei)」という完全知へ到達することが最高の宗教的境地の場合が、これに当たる。擬似宗教だが、近代性を主導した啓蒙主義[163]や科学主義[164]の立場もこれに属する。

無知(無明)を苦の根本原因とみなして、真理を知る(悟る)ことを最大の目標とする仏教もこれに属するが、仏教の場合は通常の「知」とは異なるので、注意がいる。禅仏教を代表する道元[165]によると、「知はもとより覚知にあらず、…了知の知にあらず、…知は不触事《ふそくじ》なり、不触事は知なり。遍知と度量《たくりょう》すべからず、自知と局量《こくりょう》すべからず」（『正法眼蔵』坐禅箴）、つまり「知」とは知覚するのでもないし、了解するのでもなく、事に触れずして知る知であって、普遍的な知でも自己限定の知でもない。この「事に触れずして知る知」とは、対象を分析する科学知のような分別知ではなく、分節化される以前の、「真如」が現前する、根源知である。「真如」とは、宇宙の真相（ありのままの姿）である。同じく肯定型でも、そこまで極端な知を主張しない場合、限定知、部分知への指向ということになる。典型的には、同じ啓蒙主義でも、一八世紀ドイツの哲学者カント(166)の『純粋理性批判』に代表されるように、人間の知りうる知にある一定の限界、可能性への制限を設けて、それを超えない形で知を認めるのである。これは、「不可知の知」の立場と言えよう。

これらの肯定型に対して、否定型の宗教もありうる。知を最も軽視するものとしては、反知性主義とよべるものがあり、宗教にとって知とは「知らなければ知らないほどよい」ものになる。たとえば、「ただ信じるだけでよいので、知識を含むその他のあらゆるものはそれを妨げるものとして、排除するのが好ましい」とする、信仰至上主義がこれに当たる。中国伝統思想全体としても反知性主義的な面があるが、ことに人知にとらわれない、無為自然の生き方を説いた、道家思想は明確にそうである（この老荘思想については、シリア宗教との対比で、第三章（4）、（5）で扱う）。道家ほど極端でないにしても、儒家でも孔子が「鬼神を敬して之を遠ざく。知と謂ふ可し（敬鬼神而遠之、可謂知矣）」（『論語』雍也篇）と述べたように、この傾向にある。また、古代ギリシアでも、懐疑主義をはじめとして、多くの知を認めず「自分が無知であるということだけは、知っている」とするソクラテス(167)の「無知の知」も、その限りにおいては最小限の知だけを認める立場だろう。ただ、ギリシア哲学全体としては、主知主義的傾向が強い。もちろん、このあい対立する二つの立場を総合して、「知ある無知（羅 docta ignorantia）」の立場を取ったクザーヌス(168)のような例外もあるが、多くの場合は程度の差こそあれ、この肯定型、否定型のどちらかに分類できるだろう。

さて一般に、科学と宗教はあい対立するものと、とらえられがちである。この場合、近代では科学が「知」の立場を代表すると考えられたので、少なくとも宗教がこの「知」を否定する立場だという誤解を招くおそれがある。従来、科学と宗教と言えば、とかく対立的に考えられることが多かったが、その内実は二つの間の共通点や接点が多くあり、むしろ科学の中のどの部分と宗教の中のどの部分を比較するかで、正反対の結論さえ引きだされうる。科学そのものは、（4）で扱うが簡潔に言えば、同じ西洋内の科学（学問）と宗教の関係、科学と原始仏教の関係のほうが、西洋の科学（学問）と中東や東アジアの宗教の関係よりも、近いと思われる。中東や東アジアにも、西洋近代とは別の、科学（学問）と宗教の関係がありうるのである。したがって、「科学対宗教」という対立的構図の設定自体が考察対象に即していないし、大ざっぱすぎる。また、ナイーブすぎるし、せいぜい西洋近代にしか当てはまらない。それでは、具体的には非西洋的近代知とは、どういうものなのだろうか。あるいは、宗教の知とはどのような「知」なのだろうか。ここでは、東洋、古代、西洋近代内の「非科学知」を考察していきたい。

もちろん、この問題については、西田幾多郎[169]や西谷啓治[170]らの京都学派が、すでに熟知していた。京都学派は宗教と科学とを媒介することで、西欧近代の主体と客体の二元論の問題を乗り越えることを試みた。西田はまず、『善の研究』で「主客未分の純粋経験」という真の実在によって、「見る者」（主体）と「見られる物」（客体）との相対化をはかった。晩年には、この実在が「絶対無」とよばれた。「絶対無」とは、相対的な有と無の対立を超えた、すべての有るものを生みだす根源としての無である。そして、彼の思索の究極的表現が、人と神、時空などの「絶対矛盾的自己同一」である。その背景には、宇宙の生ける統一という禅仏教の思想がある。西谷啓治は、西洋の科学に代表される近代化の問題をニヒリズム（ニーチェ[171]ら）ととらえ、「ニヒリズムを通してのニヒリズムの超克」、つまり大乗仏教の空の立場から、西洋近代のニヒリズム（虚無主義）の克服を試みた（近代の超克）。

これは宗教哲学的な「知」だったが、自然に関する「知」についても、西洋近代以外のものもありえる。二〇世紀前半に活躍した南方熊楠[172]は、民俗学の柳田国男[173]にも大きな影響を与えた、生涯在野の博物学的な学者だったが、数多くの新種を発見した粘菌研究という自然科学の分野でも、大きな業績を残した。彼は多言語使用者だったので、本草学をはじめとする漢籍にも、科学をはじめとする西洋諸語の洋書にも通じていた。大乗仏教思想にも造詣が深く、縁起説を援用して、「縁」という独自の発見法を案出していた。彼は、精神と物質、言葉と物、前近代と近代、東洋と西洋、自然と人為、世俗と学問、熊野の原生林とロンドンの大英博物館、フィールドワークと書物といった、あい反する無数の事物が、縦横無尽に張りめぐらされた動的なネットワークの中で関係し合い、自然発生的に作用し合い、「前後左右上下、いずれの方よりも事理が透徹して、この宇宙を成す」（『南方熊楠・土宜法竜往復書簡』）南方曼荼羅（マンダラ）という思考方法によって、西洋近代科学の方法の限界を克服した。

また、知的発見につきまとう偶然性の問題については、人間の自由と運命の問題として、すでに古代ギリシア宗教で取りあげられていた。一方では、人間の自由を強調したのが古代ギリシアの人々だったが、他方では自己を超える不可知としての「運命」（希　テュケー）を受けいれたのも、彼らだった。彼らにとって、自由と運命はどのような関係にあったのだろうか。有名なギリシア悲劇『オイディプス王』（ソポクレス[174]）の例でも分かるように、自分の運命である、父殺しと母との近親相姦を避けようとした、オイディプス王個人の個々の行為は、まったく自由な選択によるものだったとしても、全体として見るならば、必然だった。つまり、個々の人間は物事を「永遠の相の下で（羅 sub specie aeternitatis）」（スピノザ[175]）見ることはできないので、自分の想定とは違う形で、結果としては運命通りの悲劇が起こってしまった。人間が自分としては最大限自由に振る舞ったとしても、人間である限り、自分ではどうしようもないことが、常に残る。これが、古代ギリシアの「希　テオス」（神）の領域である、とされた。

このように、古代ギリシア以来、運命によって決定されているというような、必然性優位の考え方が強かった西洋の伝統に対して、日本文化の特徴を鋭く分析した『「いき」の構造』で有名な、九鬼周造[176]は『偶然性の問題』でこれを深く洞察して、必然性を否定し偶然性の不滅を主張した。人間がからむ場合、「生の跳躍(仏 élan vital)」(ベルクソン)ゆえに、機械的なものだけでは終わらず、常に「想定外」の何かが残るからだ。九鬼自身は「神」という言葉はほとんど使っていないが、「神はサイコロを振らない」というアインシュタイン[177]の有名な言葉に対置すれば、九鬼の神はサイコロを振る「遊戯する神」と言えよう。西洋近代内部でも、自由を重視したフランスの哲学者ベルクソン[178]は、絶対知のためには分析による科学知だけでは不十分だとして、直観による哲学知をそれに対置し、いずれの場合でも知的創造の根源には、「情動(仏 émotion)」がある、とした。また、宗教をはじめとする東洋思想にも造詣が深かったユング[179]も、ただたんに個人の無意識だけではなく、その根源に集合的無意識を仮定すれば、意味のある「偶然の一致」を「シンクロニシティー(英 synchronicity)」(共時性)という概念で、説明できると考えた。しかし、同様の考え方としては、すでに「万法唯識」を主張した大乗仏教の唯識派[180]が、個人の無意識の根源に想定した、過去・現在・未来の宇宙の万事とつながる「アラヤ識」が先行する。

以上のように、西洋近代の科学知以外にも、知性一般と宗教との関係は様々な可能性が考えられるが、中東のシリア宗教の場合は、どの知への立場を取っているのだろうか。シリア宗教によれば、すべての知は「明かされたもの」(可視的なこと)と「秘められたもの」(不可視的なこと)の二種類に大別される。すでに人間が神の像(イメージ)として創造されたとき、人間に与えられた、人間にふさわしい知識が「明かされた知」で、与えられなかったのが神にふさわしい知識、「秘められた知」である。それぞれ、一般的な表現では、「内在的な知」と「超越的な知」に相当する。「秘められた知」が与えられなかったのは、神の偉大さと人間の卑小さの間の隔絶ゆえに、そのままでは人間には知ることができないからだった。しかし、神はその慈愛ゆえ、なんとかして「秘められた知」のほうも人間に教え、人間を救済しようとした。この神の偉大さと人間への慈愛の大きさの両方を強調する点では、ユダヤ教とイスラム教も基本的に同じである。

そこで、神は自分以外のものを通して、間接的に自分を表そうと考えた。宗教現象学一般では、この行為を「ヒエロファニー（聖なるものの現れ）」（エリアーデ）[181]とよぶが、ここでは神の「適応」とよび、表現されたものを「象徴」とよぶ。これは、絶対者のあるがままの姿、「絶対の絶対」ではなく、現象つまり相対的なものなので、「絶対の相対」である。仏教で言えば、それぞれ、絶対の真実（自性）としての「随自意」、相手と機会に対応した方便としての「随他意」に当たる。西田幾多郎[182]で言えば、それぞれ、「絶対無」と「絶対無の自己限定」に相当する。これは人間が「秘められた知」を得るためには、必然的な前提となる神の行為なので、より詳細には「根源的適応」とよぶ。これらの神から人間にいたる意味の伝達過程については、次の図参照。

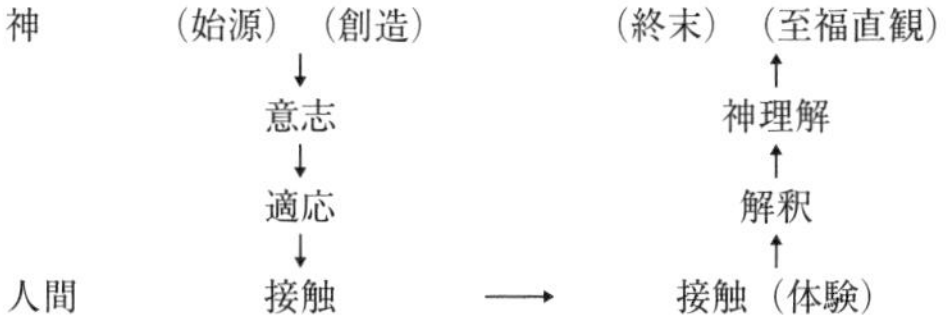

神から人間への意味の伝達過程

確かに、神の根源的適応は神の自由意志による行為であって、神それ自体にはまったく必要なものではない。神が人間の大きさに合わせて自らを小さくしたとしても、神そのものの偉大さは、いささかも変わらない。にもかかわらず、神の慈愛の大きさゆえに適応行為は徹底的におこなわれたので、結果的には象徴が無限に生じた。ここでは、これを四種類に分類しておく。一つ目は自然で、神がすべてのものを創造したときに、すでにすべてのものを象徴として創造していた。「秘められたもの」は、自然という「明かされたもの」によって象徴されている。二つ目は神の顕現で、すでに様々な人々の前に神の姿をあらわしてきた。たとえば、預言者ダニエルの見た幻の中で、「老人」という姿をとった。この像（イメージ）は、それを見る人間の見る能力に応じて別々の形をとる。三つ目は言語で、神は人間の言語を通して人間に語った。この場合も「秘められたもの」を直接語ることはできないので、「明かされたもの」である象徴を使って間接的に伝えている。四つ目はキリストで、キリストは神であるから、キリストが人間になったことで、「明かされたもの」と「秘められたもの」がはじめて一体化した。キリストだけが神の完全な像であるから、ここにすべての象徴も完成された。神が人間になったことで（受肉）[183]、人間も神になることができるようになった（人間神化）。これを宗教学では「聖化（英 sacralisation）」[184]とよぶ。シリア宗教全体としては、ユダヤ教とイスラム教と共通する点が多いが、こと四つ目のキリストに関しては、もちろんキリスト教特有の特徴であり、まったく相違している。ただ、その詳細は西洋のキリスト教とも、かなり相違している。この「キリスト論」については、特に第三章（3）で詳しく扱う。

さて、神が適応をおこなっただけで、ただちに人間が神の「秘められた知」を知るわけではない。そのためには、まずは人間が神に向かって上昇していく必要がある。神が下降したのも、人間を上昇させるためだった。これは神の側の救済行為であるが、これには人間の側の行為も必要である。人間は、もちろん自動的に上昇するわけではなく、自分の自由意志と努力によって永遠のいのちや「秘められた知」を含む完全知を得ることができる。神の適応は、あくまでそれを助けるためにおこなわれたのにすぎない。したがって当然、一人ひとりがその努力によって神に似ていくので、最終的には神のようになるとしても、そのときどきの上昇の度合いは人によって異なる。

具体的には、神に近づくには象徴によるしかない。先述の四種類の象徴のうち、言語によって神の像（イメージ）は主に『旧約聖書』に、キリストは主に『新約聖書』に書かれてある。まとめると、聖書と自然の中の象徴を通して、それが象徴する「秘められたもの」を思いめぐらしていくのである。したがって、象徴理解は人間の上昇により、人間の上昇は象徴理解によることになる。ただ、人間の上昇の度合いも様々であるように、象徴理解の度合いも様々である。まず大原則として、聖書でいう「神」という言葉も、神それ自体を意味するのではなく、あくまで神の適応したもの（根源的適応）を指すことをわきまえておかなければならない。その上で、神に関する完全で真正な表現（非適応）と仮の一時的な表現（適応）とをはっきりと区別する必要がある。いずれも、根源的適応の範囲内ではあるが、その中でも相対的に適応している表現（相対的適応）と適応してない表現（相対的非適応）とがある。前述したように、すでに根源的適応が「絶対の相対」であったので、それぞれ相対的適応は「絶対の相対」の相対、相対的非適応は「絶対の相対」の絶対、ということになる。最初は相対的適応の象徴によって神を理解していくが、しだいに相対的非適応の象徴も理解できるようになる。聖書解釈とは、人間が神の適応行為を逆にたどって神に上昇していく行為なのである。

このように、神は聖書と自然の中の無限の象徴によって表わされているが、これらはすべて同一の神を指示している。にもかかわらず、多様な象徴が必要な理由は、神を理解しようとする人間の側が多様だからである。そして、この人間には「相互教示性」がある。「相互教示性」とは、だれでも、他者から教示されるだけに留まるのではなく、自ら他者に教示する側にも回りうる、ということである。ここでの他者を受容する姿勢は徹底している。聖書理解をするためには、どのような具体的方法を取ればよいのだろうか。まず、書かれてあること自体を批判するのではなく、理解できなかった自分の現状を素直に認める。次に、他の研究者に質問する。ここに、「相互教示性」が生きている。しかし、多くの研究者に照会した場合、十人十色、様々なあい異なった返答が返ってくることが往々にしてある。そのとき、どのような姿勢を取ればよいのか。この場合でも、あざけることを戒め、積極的に受容することが勧められる。ただし、言葉の別々の面を指摘する語り手の個性だけではなく、聞き手の個性も尊重されている。聞き手は受容することは受容するのだが、自分の好みを受容するのである。人間の多様性が、この「相互教示性」の基盤にある。

もう一つの重要な点は、人間の多様性だけではなく神の言葉自体の多様性が、この「相互教示性」の基盤になっていることである。個々の言葉自体が、七色に光る宝石の輝きのように多面的である。したがって、その深い力全体は、一介の人間にとって絶対に把握不可能である。そこで、相互教示が必要となるのである。また、ここでの「言葉」は、聖書の言葉だけではなく、それに関して人が語った言葉、すなわち聖書解釈も含まれる。多様な象徴が必要な理由は、それだけではなく、一人の人間の理解も、そのときどきの上昇の度合い（段階）によって多様だからである。したがって、神はその人間の多様性と一人の人間の中の段階の多様性にあらかじめ対応して、神の象徴も多様にしておいた。これと同様に、聖書の中の一つの言葉でさえも、さらにその中に多様な意味が含まれている。したがって、そのときそのときのふさわしい象徴を通して神を理解していくべきなのである。その新たな解釈の結果、人間が上昇し、人間が上昇することで、新たな解釈に到達する。こうして、無限に上昇していくことで、ますます人間は無限の神に似ていく。最後に、シリア宗教は最初の知への立場の分類で言えば、最終的には「超越的な知」という完全知、全体知（絶対）を指向する立場だろう。ただ、そのためにこそ、「内在的な知」という限定知、部分知（相対）を受けいれるところから、徐々にはじめなければならなかったのである。

（3）形象と言語

（2）では、宗教における人間が神を理解する経緯を大きな視点から考察した。そこでは、象徴論が中心的位置を占めていたが、象徴は大きく分けて言語的象徴と形象的象徴の二つある。これは、人間の五感で言えば、主に聴覚型の象徴と主に視覚型の象徴に相当する。普通、アブラハム宗教の起源であるヘブライ宗教の本質のヘブライズム（ハヤトロギア）[185]は、聴覚型だと言われている。言語的コミュニケーションを重んじ、神を形象で表すことを偶像として否定するからだ。神はまず、「聞け、イスラエルよ」（『旧約聖書』申命記）と語りはじめて、人々に自らの言葉を聞くことを求め、預言者は神の言葉を語った。この点では、イスラム教も基本的には同様で、ヘブライ語と同じセム系の言語アラビア語による『クルアーン』は元来、音声による啓示を預言者ムハンマド[186]が口頭で伝えたものだし、純粋な意味での書物というよりは、「クルアーン」という言葉のもともとの意味の、「声に出して朗唱されるもの」、音声で聞くべきものという傾向が強い。こちらも、不可視の神を視覚的な形姿に描くことを厳しく禁止している。それに対して、西洋のキリスト教は多くの場合、キリストをなんらかの形で描くことを積極的に認めている。ビンゲンのヒルデガルト[187]をはじめとする中世の幻視家たちも、神の幻（英 vision）を見た。これは、普通に考えると古代ギリシア宗教が視覚型であるからだと思われる。その点では、シリア宗教も同様だが、やはり本当に類似しているかどうか、詳しく検討する必要があるだろう。また、一般に宗教言語はメタファーとしてとらえられる場合が多いが、その意味を形象と言語の関係として考え直してみる。

シリア宗教によると、まずは神がすべてのものを神の象徴として創造したので、目に見えるものは最初から、目に見えないものの像を担っている。自然のすべては、神をはじめとする霊的実在にかたどって、造られたのである。人間には、それらの「秘められたもの」を直接見ることができないので、それを間接的に見ることができるようにするために、神の適応行為によって目に見える象徴が用意された。次に、その後の歴史の中で、神は主に視覚的な形象によって、たびたび自らの姿を人間に表した。像（イメージ）による適応である。これらは、確かに神のなにがしかを表してはいるが、もちろん完全な形象ではない。これらは、具体的には『旧約聖書』の中に書かれてある。そして、最も優れた形象がキリストである。彼は神が人間になったものであるから、神の完全な像を示している。同時に、人間の姿をあわせ持っている。したがって、キリストにおいて、はじめて不可視的像と可視的像が一つになったのである。目に見えるキリストを見ることで、目に見えない神を見ることができる。神が人間の姿になったことで、人間も神の姿になることができるようになった。これによって、自然と聖書の中にあるすべての象徴が完成した。これは、具体的には『新約聖書』の中に書かれてある。

ただ、神の完全な像としてのキリストが現れたからといって、聖書と自然の中の不完全な像である象徴がいらなくなったわけではない。多くの人々の神理解の程度に応じて、それにふさわしい程度の象徴が準備されたからである。だからこそ、人間の側も聖書と自然の中の神の象徴を積極的に集めることが必要なのである。ただ、それらは最終的には完全な像によって、集約されていく。以上のように、シリア宗教では聴覚的象徴もあるにはあるが、視覚的象徴のほうがかなり優位に立っている。それならば、自然はよいとして、聖書のほうは言語的象徴なので重視されないはずではないだろうか。しかし、この聖書でさえも、人間が神を見る媒体とされている。どういうことなのだろうか。

まずは、聖書自体の中にも言語的適応と形象的適応の両方が書かれてあるが、形象的適応のほうが、より重視されていて、言語的適応は形象的適応への途上に位置づけられている。当然、形象的適応のほうがより難しいが、もし可能ならばできるだけ形象的適応によって神を理解することが、求められている。そうだとしても、この形象的適応のほうも、聖書の中に書かれてある限り、結局は言語によって表現されたものなのではないだろうか。もちろんそれはそうだが、実際のところ、言語は人間をそのまま指示された形象にまで連れていく忠実な伝達手段なので、問題はない。キリストの場合も、確かに両方とも『新約聖書』の中に言語で記されてはいるが、キリストが語った言葉よりも、キリストが現れた姿にもっと注目した。

次に、聖書の言語一般であるが、それが形象的適応を指示するものであっても、それ以外のものを指示するものであっても、そもそも言語というものは、その指示する事柄を忠実に指し示すものと考えられている。これは本来、原初では神の言語がいわば「純粋言語」（ヴァルター・ベンヤミン[188]）として、その意味内容と一致していた、という考えに基づく言語観である。言葉は実体と一致している。言い換えれば、言語とは一義的なものなのである。このような立場に立って、聖書の言葉によって忠実に表現された神、自然、人間、世界などの「事実」が解釈されている。

これは、ヘブライ宗教・ユダヤ教と共有する考え方だが、西洋の主流や大乗仏教とは異なる。また中国の場合は、確かに孔子[189]の正名論では名と実が一致すべきことが主張されるが、道家では宇宙の根本原理である「道」とたんなる言葉である「名」は、一致しない（詳しくは、第三章（4）、（5）で扱う）。全体としては、やはり中国の伝統的言語観でも同様に、「書は言を尽くさず、言は意を尽くさず（書不盡言、言不盡意）」（『易経』繋辞伝）とされる。ただ、空海[190]の真言宗は例外で、当時唯一、「法身説法《ほっしんせっぽう》」という言語と真理が一致する場合を認めている（声字即実相）。法身とは、他宗教の「神」に当たる、「大日如来」のことである。空海は平安時代はじめに活躍した、日本が生んだ宗教的天才の一人で、国際的な評価も高いが、同時にその影響は狭い意味での宗教の枠を超えて、日本文化の多岐にわたっている。また、日本宗教の言霊思想とも一致する。折口信夫[191]によれば、言霊とは「産霊（ムスビ）」という神から産出される純粋言語のことである。もちろん、この場合の「言」とは、肉声によって伝えられる音声言語のことを指していて、本居宣長[192]も文字の利点を認めつつも、音声による言語をより高く評価して、言霊の優位を日本宗教の特徴と見なしている。シリア宗教にとっても、言語はたんなる記号ではなく、たんなるメタファーでもない。この言事一致（言葉とそれによって表現された事実との一致）、つまり「名は体を表す」とする考え方を「名の神学（独 Namenstheologie）」とよぶ。

具体的には、たとえば「父」、「王」、「神」という言葉が神に対して使用されている。シリア宗教では、神は「父」である。たんに比喩的にそうなのではなく、本質的にそうである。もちろん、今日ではこの本質的な父性を持つ神という考え方は、フェミニズム神学などの批判の対象になるのであるが、まず人間の「父」という概念があって、たまたま神をその「父」になぞらえたのではない。その逆である。まず、神は「父」であるという事実があって、つまり父性というもの全体を神が帯びていて、その慈愛ゆえに、その「父」という神にふさわしい言葉を人間の「父たち」にも適用した。これが神の言語的適応である。本来は神の偉大さと人間の卑小さの間の隔たりにかんがみて、「父」という言葉は神に最もふさわしい言葉であるが、その同じ言葉で人間もよぶことを神は、その慈愛ゆえに許した。したがって、神がそうしたのであるから、人間が自分たちを「父」とよぶことも、正当なのである。したがって、「父」という言葉は恣意的にたまたま「父」という意味なのではない。言葉の

「父」は、実際の「父」を忠実に指示しているのである。「王」としての神の場合も同様である。おもしろいのは、「神」という言葉の場合で、これも「父」や「王」の場合とまったく同様に人間の言葉でありながら、神を忠実に指し、同時に人間にも適用可能である。

それゆえ、人間もたとえば「父」という言葉を聞いて、積極的に自分の心の中に「父」の像（イメージ）を形成、つまり想像しなければならない。仏教（密教）のマンダラ（曼荼羅[193]）をはじめとする仏画や仏像のように、物質的に神の彫像を形成（塑像）すれば、ユダヤ教・イスラム教の場合と同様に、偶像になってしまう可能性があるが、精神的に神のイメージを形成（想像）する分には、問題ない。肉体の目で神を見ることはできないが、精神の目で神を観取することはできる。ここでは、人間が心の中で神を他のものになぞらえて、具象的に思い描くことが肯定されているのである。さらに、ただたんに心の中の表象だけで終わらせるのではなく、口で神を表現することも肯定されている。それは、人間の言語を神に適用することである。神の象徴的理解と言語的表現とは、密接に関連している。

本来、人間には理解不可能な神を理解することが、精神的上昇、象徴的解釈である。それを助けるために、神が精神的に適応（内住）した。人間への神の内住とは、より厳密には、三一神の中の聖霊が下降し、人間の中に留まることを指している。したがって、精神的下降（適応）は、聖霊による適応と言うことができる。それでは、人間が神を思い描くには、どのような条件があるのだろうか。人間は自分の創造主（神）を知るとき、はじめて創造主がその人の中に住む。また、その人の精神の中で神がかたどられる。そういう人の場合、神を象徴的に理解することは、むしろ自然なことなのである。逆に、人間が神を知らないときには、神が内住することもなければ、神がかたどられることもない。このように、神による人間への内住と人間による神の象徴的理解とは、非常に密接な関係にある。

では、より具体的には、神理解はどのようにおこなわれるのだろうか。まず、賢者が知を獲得する。そして、知は賢者の中に宿る。同様に、高みにいる神も下降して、賢者の中に宿る。神は彼の精神を高みへと上昇させる。彼の精神は観想することで、新たな理解を得る。彼の省察の対象は、聖なることをはじめ万事に及ぶが、それには聖書の内容も含まれる。したがって、神の言語的適応を通して神を象徴的に理解しようとするさいも、神理解と神の精神的適応は不可分に結びついている。神が人間の中に住むことではじめて、人間は神のもとに行くことができる。すべての人間は自分だけでは、神を理解することができない。神の精神的理解は、神の精神的適応によるのである。つまり、神の聖霊が人間の精神の中に下降し、それによって人間の精神は神へと上昇することができる。

このようなシリア神秘主義は、イスラム神秘主義との類似性も指摘されているが、直接の影響関係の有無は不明である。ただ、もちろん程度の差はあるが、人間の不可視の神に向かうなんらかの神秘的上昇を認め、積極的にそれを実践している点では、スーフィズムをはじめとするイスラム神秘主義も、カバラーをはじめとするユダヤ神秘主義も変わらない。むしろ、他の領域に比べて、神秘主義[194]は宗教の違いを超えて共通性が大きいので、これは西洋のキリスト教やインド宗教、仏教、中国宗教などにも広く当てはまる（井筒俊彦[195]『意識と本質』）。

そして、すべての言葉には多数の形象があるので、聖書解釈者も一つの言葉を通してさえ、無限の形象を収集し、それを通して無限の像を心の中に形成していく。聖書解釈とは、この形象相互の無限のネットワークをたどっていくことである。霊的実在を指示する言語の場合も、それはたんなる言葉だけではなく、存在論的根拠を持っている。したがって、それを理解する場合も、言語によって忠実に指示された形象にいったん戻してやり、ついでその地上的物体からそれがかたどっている霊的実在に向かう。言語と形象は、一体のものとして扱われているのである。神理解の上昇過程の中でも、言語自体は問題にならない。最初は言語によって忠実に指示された低次の形象によって神を理解するが、しだいに同じく言語によって忠実に指示された高次の形象によっても理解できるようになっていき、無限に上昇していくのである。この聖典と自然、象徴、形象の連関については、シリア宗教と同じ視覚型の禅仏教の道元[196]に、次のような興味深い表現があるが、これと似た表現はシリア宗教にもある。

おほよそ経巻に従学するとき、まことに経巻出来《しゅつらい》す。その経巻といふは、尽十方界《じんじっぽうかい》、山河《せんが》大地、草木自他なり、喫飯著衣《きはんぢゃえ》、造次動容なり。この一々の経典にしたがひ学道するに、さらに未曾有の経巻、いく千万巻となく出現前するなり（『正法眼蔵』自証三昧）。

もちろん、神の形を実際に絵画で表すイコンとそれに反対するイコノクラスム（聖像破壊運動[197]）の問題はあるが、ギリシア正教会では最終的にイコンを認めるが、その過程において激しい議論が戦わされた。これはかなり複雑なので、詳しい議論はここでは割愛するが、簡単に言えばユダヤ教・イスラム教と同様に神の像の可視化に反対するのが、キリスト教の立場であるが、キリストは神であると同時に人間でもあるので、人間の像はもちろん可視化可能なはずである。したがって、初期キリスト教、ユダヤ的キリスト教以外は、これを認める傾向にあるが、シリア宗教もこの点では同様である。

最後に、このシリア宗教の形象と言語の関係を同時代の西洋のキリスト教と比較してみよう。こちらは、プラトン[198]主義を中心とするギリシア哲学の影響が強く、地上的形象は低く評価される傾向が強い。したがって、確かに人間の教育過程の初歩の段階では形象による神理解は許容されているものの、できるだけ早くそのような低劣なものの使用を脱して、言語のみによって神理解に到達するのが、望ましいとされる。同じ言葉でも、それが持っている具象的な意味をできるだけ早く捨てて、その「真の意味」のほうをとらえる必要がある。「真の意味」とは、抽象的、比喩的、非物質的、天上的、霊的な意味のことである。同様に、適応論でも神の言語的適応が重視され、形象的適応のほうは軽視される。したがって、この西洋のキリスト教はむしろ聴覚型だと言える。この点では、象徴的言語の場合でも、そのもともとの字義的な意味ではなく、比喩的な意味のほうを重視し、それを理解すればその言語そのものは用済みとなる。このように、言語それ自体とその意味とが分離可能と考えるのが、プラトン以来の西洋言語観の主流である。もちろん、その場合でも言語が媒介として用いられるが、最終的にはこの言語さえ捨てて、観念を直接理解するのが理想とされる。以上で、シリア宗教の形象と言語の関係が、西洋のキリスト教と根本的に異なる内容であることが、明らかになった。むしろ、その言語観はユダヤ教のものと一致するが、視覚型という点ではユダヤ教と異なり、独自のものと言える。

(4) 発見法

シリア宗教は多くの点では、他のアブラハム宗教と類似しているものの、(3)で形象と言語の関係を考察した結果、主に形象を重視する視覚型という点で、主に言語を重視する聴覚型である西洋のキリスト教、ユダヤ教・イスラム教と相違していた。むしろ、自然を重視し、その観察によるいわば視覚型の「知」を重視する点では、西洋近代の自然科学も同様である。この西洋の知は、古代ギリシアの「観照」(希 テオーリア)による「学知」(希 エピステーメー)の伝統に立っている。ここでは、シリア宗教を西洋近代科学と比較してみる。

「知」そのものは幅広い概念なので、(2)で考察したように、当然ながら西洋近代科学以外、以前、以後の「知」も存在している。それでは、それらの「知」とは異なる、「科学知」の特徴は何だろうか。その方法論的特徴は、典型的にはまず仮説を立てて、それを実験で確かめ、最後に検証する仮説検証型の研究である。その結果、それまで未発見だった普遍的な自然法則を発見することを目指している。発見後の法則そのものは、普遍妥当的だとしても、実際の発見を左右する偶然は「セレンディピティー(英 serendipity)[199]」(偶然による幸福な発見)などとよばれ、特殊である。たとえ、科学者が同じ条件で、同じ課題の研究を続けていても、発見に成功する場合と成功しない場合がある。これは、どのような原因によるのだろうか。研究者の想定外の発見といった、偶然性をも視野に入れなければ、説明困難なのが、発見という事態だろう（偶然性の問題については、（2）参照）。

この、きわめて高度な知的活動としての「発見」は、現代の研究分野では科学哲学が扱うべき問題であるが、西洋における前四世紀のアリストテレス[200]以来の、広い意味での「科学哲学」の伝統は、論証的知識になじまないとして、長らく「発見」を学問的考察の対象外としてきた。ようやく一九世紀末になって、アメリカで記号論を構想した先駆者のパース[201]が「わたしの書いたものは何かを自分で発見したい人のためにある」と述べたように、これを十分に考察して、「アブダクション（英 abduction）」を発見した。「アブダクション」とは仮説形成のことだが、この発見法的な推論を演繹的推論と帰納的推論と並ぶ、第三の推論として導入したのは、彼の功績である。ただ、当時は西洋の学問全体から見ると、まだまだ例外的だった。実際、彼はウィリアム・ジェイムズ[202]にも影響を与えた、プラグマティズムの提唱者だったが、同時代の人々には評価されなかった。さすがに、二〇世紀後半以降はトーマス・クーン[203]らの新科学哲学が、論理実証主義[204]が問題にしなかった「発見」の概念を真正面から考察対象としたことは、評価に値する。特に、有名な「パラダイム・シフト」を提唱して、「発見」の社会的要因に光を当てた点に、その最大の功績があろうが、遅きに失した感は否めない。それに対して、科学哲学者の野家啓一は、科学的発見におけるメタファー、アナロジーといったレトリックの有用性を指摘している。

また、狭い意味での科学的発見だけに留まらず、日常の発見一般を含む、発見論の考察も意義があるだろう。およそ「発見」とは、ごく日常的な事象で、「科学革命」などという大業につながるもののほうが、むしろ例外的だからである。天才的科学者による特別な発見ではなく、一般の人々による普段の「発見」のほうが重要なので、発見一般を扱う発見論も必要なのである。実際、近年では仮説検証型の方法に代えて、問題発見・解決型の方法が注目を集めている。主に教育方法論の分野で、主に英語のまま「ヒューリスティック（英 heuristic）」（発見法）とよばれる方法である。情報科学においても人工知能などにより、新たな知見を発見することを研究対象とする発見科学や「チャンス発見」といった、従来あまり見られなかった方面の研究が、盛んになってきている。

それに対応して、人間のひらめき、直観の脳科学的・心理学的分析や、発見効率を上げるための発想法の開発などと、ますますその関連分野へのひろがりを見せている。しかし、このような「発見」の断片的理解だけに留まらず、「そもそも『真理』発見という事態とは、何か」、「私たちが何かを発見しようとするとき、いったい何が起こるのか」という、根本問題を射程に含むような発見論も必要なことは、論をまたない。ただ、現代の細分化が進んでいる学問状況では、今さらこのような本質論を正面から問題にすることは、大きな困難を伴うであろう。

この点で、宗教的発見論も貢献できる。すでに一世紀に、ギリシア哲学の影響を強く受けたユダヤ人フィロン(205)が、探求と発見との関係のあらゆる場合をまとめている。そこでは、ギリシア哲学の「探求による発見」とヘブライ・ユダヤ教の「探求なき発見」が結びあわせられている。フィロンは、後のユダヤ教よりはキリスト教に影響を与えた。それに対して、ギリシア哲学の影響が少ないシリア宗教はより独自の、宗教的な発見論を持っていた。図式的には、よりアラム宗教的、つまりユダヤ教・イスラム教よりのものが期待できる。しかも、宗教的発見だけに限定されず、自然を含む発見一般も視野に入れられている。

まずは、シリア宗教で最も多いモチーフだが、フィロンと同様に、「探求と発見」というモチーフが最も用いられるが、探求者による真理の「発見なき探求」に代えて、「探求なき発見」が主張されている。探求の前提として、信の必要性が語られる。そもそも、どんな前提もない、純粋な探求などありえないからだ。なにがしかのことは前提知として、受けいれなければならない。それでも発見できないのは、探求対象が的外れだからだ、というのである。したがって、これは認識の問題であって、存在の問題ではない。真理自体は、失われえないものだからである。失われうるのは、むしろ探求者のほうだ、という。視点を逆転させて、真理の側から見れば、かつて失われて、まだ発見されていないのは、探求者の側なのである。そして、真理の側が先に探求者を発見していたので、発見の主体と対象が逆転している。

この喪失と発見については、次のように検討されている。人間とは逆に、喪失の可能性がない存在が、神の御子（イエス）である。(206)『新約聖書』のルカ福音書二章では、祭司としてのシメオンによって、幼子のイエスが神に捧げられたように見えるが、実際はこのとき、すでに真の祭司としてのイエスが逆にシメオンを神に捧げていた、という。シメオンは人間であるから、失われてしまう可能性があったが、細心の注意を払っていたので、失われていなかった。それでは、「失われた」人々はいつどのようにして「失われた」のか。ルカ福音書七章の「罪深い女」の場合、女の武器としての髪によって罪を犯したときに失われ、その同じ髪によってイエスの足を拭ったときに発見された、という。この場合の「発見」は、かつては存在した者が戻ったので、「再発見」と言うことができるだろう。

この喪失状態から発見への過程については、ルカ福音書一五章の失われたドラクメ銀貨のたとえをふまえて、二種類の喪失で説明されている。一つは「魂」で、これは神から見た喪失である。もう一つは「似像」で、これは人間から見た喪失である。「似像」とは、原初の人間アダムが有していた「神の像」のことである。その両方ともキリストが発見した、という。これは、キリストのいのちを喪失することで、人間のいのちを回復したことを指している。

しかし、キリストのいのちの場合は喪失しただけでは終わらない。キリストは本来、喪失することがないはずの神であったにもかかわらず、喪失していた人間を発見するために、人間として体を喪失した（つまり、死んだ）。「喪失」とは、「死」、「滅び」の隠喩だったのである。しかし、それで終わることなく、死者の中から人間の体を発見した。その発見によって、人間も縛られていた死を克服した。これは、キリストの復活を指している。この場合の発見主体として、キリストがあげられている。はじめ発見の主体だと思っていた人間が、実は発見されるほうだった。

それでは、本当の発見者は神（キリスト）で、人間はずっと、被発見者のままなのだろうか。この発見と被発見の関係については、人間の側が、自分が神によって発見されているということに気づくことそのものが、人間にとって最初の発見になる。すべてのものの発見者としての神の発見である。この根源的な発見によって、再び発見の対象から主体に転換し、ここに発見者としての人間がはじめて誕生した。この最初の発見は、それだけで終わってしまうことはなく、次の発見をうながす。

もちろん、発見の対象も「失われたもの」だけではなく、あらゆるものが対象になりうる。それは、発見者としての神の発見対象が、あらゆるものだからである。人間も、このすべてを発見する神に発見されて、自らもすべてを発見する発見者になる。この「すべて」の中には、もちろん自然のものや聖書の中のことも含まれている。発見の条件は、自然の場合はただ「見ること」だけである。同様に、聖書は「読むこと」だけで、多くの成果が上がる。また、「すべて」ということが強調されている。無関係に見えていたあらゆることが、キリストとなんらかのつながりを持つことに気づく。自らが発見されていないときには気づいていなかったが、実際には自然も聖書も発見すべきことで満ちていたことに、今は気づく。しかも、それらは人間が発見するようにと神が創造して、人間に与えたものなので、発見は神によって保証されている。この発見対象としての神の同一性と無限性については、真理は一つであっても、その像（イメージ）は無限にある、とされる。同一の発見対象に対する、人間による発見の多様性を積極的に求めているのである。しかし、それらはすべて等価なのだろうか。また、その相違は何に起因するのだろうか。

同じ対象の発見でも、様々な質の発見がありうる。また、同じ探求者の場合でも、そのつど、発見のレベルは異なる。発見者の側の認識能力しだいなのだが、これは成長する。その人の成長に応じて、発見も変わっていく。より低い程度の発見からはじまって、だんだんとより高い程度の発見も、できるようになっていく。したがって、一度発見したからといって、その発見だけで満足するべきではない。確かにそれも真理の一面ではあるが、それよりも真理にもっと近い発見も無数にありえるからだ。それを続ける不断の学習行為自体も普遍的で、人間本性に根ざしている。発見も、人間の能力と努力によってなされる。人間自らの努力による発見は、原初より神が意図したことだった。したがって、人間を創造したとき、神にとっては「秘められた知」を含む完全知を人間にただでくれてやることも可能だったが、それは選ばなかった。ここでは、人間自身による苦労（努力）の必要性が強調されている。人間が自分で努力したすえ、完全知を手にすることを望んだのである。この場合の完全知には、神だけではなくすべてのものが含まれる。そもそも、神が人間に発見されるべく隠したのは、それによって人間が豊かになるためだった。

発見は苦労を伴うが、同時に楽しみも生じる。あらゆる発見の有効性をいったん十分に認めた上で、その究極性は明確に否定される。いかなる発見も、真理それ自体の究極的発見ではない。それはあくまで、そのイメージの一つにすぎない。完全な真理そのものを知ることができるのは、神自身だけだからだ。何に関してであっても、発見すべきことは無尽蔵なので、常にまだ発見されていないことが残っている。発見対象を隠したのは神自身で、その目的は発見者を富ませることであった。その具体的な方法は、瞑想である。したがって、そのときどきの個人の発見には限界がある。それゆえ、際限なき発見が求められている。その場合の危険は、自分の発見したことが探求対象に関する究極的発見だと思いこむこと、探求時点での自分の能力を超えて無理に高度な発見をしようとすること、逆に自分の能力で発見できることをみすみす取り逃がすことである。もちろん、これらのことは宗教的探求に限定して言えるのではなく、自然やその他のあらゆることの探求について妥当する。

以上のように、シリア宗教の発見論は、能力の向上や不断の努力といった発見者の側の発見要件を含むが、それだけに留まらない。発見対象のほうも、発見者に対して働きかけて、発見に関与する。このように、発見の主体と対象が相互に入れ替わることを含む、相互関係の中で発見をとらえる、発見という事柄の全体像を提供している。この西洋の伝統的な論証的・科学的モデルとは異なる発見法的モデルは、西洋のキリスト教よりもユダヤ教・イスラム教と近いヘブライ・セム的なものだと考えられる。したがって、シリア宗教は一見、西洋近代科学を含むギリシア以来の知の伝統と似ているように見えたが、その内実を詳しく検討してみると、やはりまったく異なることが判明したのである。なお、西洋近代の科学主義の問題については終章（2）で、それに対する発見法の現代思想における意義については、終章（3）で扱う。

（5）段階論

さて、ここで宗教の発生時からその展開を時系列に並べてみることにしよう。人類にはじめて宗教が生まれたしだいは、古くはフェティシズム[207]にはじまって、アニミズム[208]、トーテム説[209]、マナ説[210]など、特に一九世紀末から二〇世紀はじめにかけて、様々な説が提出されたが、それらは次々に否定され、現在でも不明なままである。むしろ、その宗教起源論の多くは宗教進化説に基づいていたので、今から見れば、時代の制約が大きかったと言える。だが、その後の長い歴史の中で、多くの宗教が生まれ、そして消えていったことは確かである。そうすると、ある特定の宗教、宗派が誕生する前後とその後のことならば、天理教や大本教などの新興宗教を観察すれば、ある程度はっきりしている。ここでは、（4）で考察した「発見」のモデルを使って、宗教の段階を考えてみたい。上の図を参照されたい。

まずは、新しい宗教、宗派が発生する過程を考えると、その最も中心になるのは、やはり「発見」の段階になるだろう。そのさい、何が発見されるのだろうか。それは、ある特定のものが特別な意味を持っていることを発見する。それを発見した人（第一発見者）を「カリスマ」とよぶことにする。「（宗教的）カリスマ」（マックス・ヴェーバー[211]）とは、宗教社会学用語で、たとえばイエス・キリスト[212]やゴータマ・ブッダ[213]のように、特別な宗教的能

象徴	（行為）	行為者
秘密	（隠匿）	神
↓	↓	↓
秘義	（発見）	カリスマ
↓	↓	↓（さにわ）
秘儀	（模倣／共有／反復）	一般

宗教全体における「発見」とその前後

力を持つ人のことである。そして、その新たに発見した対象を「秘義」とよぼう。この最初の発見段階では、少なくともその特別な意味はその第一発見者（カリスマ）しか知らないものであり、一般には秘されている意味だからである。発見過程自体は、宗教的発見の場合でも科学的発見の場合でも変わらないが、発見対象は異なる。（4）で扱ったように、自然科学の発見対象は、それが確かな発見であればあるほど、普遍的な現象でなければならないので、繰り返し起こること、同じ条件下であればだれでも検証可能なことでなければならない。それに対して、宗教的発見の場合はそれが大発見であればあるほど、他のいかなるものとも異なる特別なこと、歴史上で一回限りのこと、つまり特定の人物の直接体験なので、超自然的という意味ではなく非自然的という意味では、いわゆる「奇跡」とよばれるようなことでなければならない。典型的には、キリストの復活、ゴータマの究極的真理の悟り、神秘主義[214]の神人合一体験などである。したがって当然、他の人々には検証も反証も不可能ということになる。この点で、反証可能性を旨とする自然科学（ポパー[215]）とは、たもとを分かつ。空間における反復される運動、という一般性を重視する自然科学に対して、ここでの宗教は独創的な芸術のように、時間における創造される非連続的飛躍、という個性を重視する。これは、ベルクソン[216]で言えば、「生の跳躍（仏 élan vital）」から「愛の跳躍（仏 élan d'amour）」へ移行する創造的瞬間であり、この創造する人こそが真の「神秘家」（カリスマ）なのである。したがって、絵画や彫刻などのオリジナルの創作品が、一見同じように見えたとしても、その写真や映像による複製品にはない、強烈な「アウラ（独 Aura）／オーラ」（ベンヤミン[217]）を放つように、宗教的発見の一回性、唯一性は他のどのようなものにも代替不可能なものなのである。

さて、どんな場合でも発見されたからには、その前段階がある。それは、まだ未発見の段階だから、隠れている段階、発見行為に対して隠匿行為に当たる。したがって、そのカリスマを含めて、だれにも秘されていたものを「秘密」とよぶことにする。その発見対象自体は、発見前にも存在はしていたものでもよいが、それが持つ特別な意味が秘されていたのである。その隠匿行為をおこなったのは、「神」を認める宗教の場合、第二章（4）

の発見論によれば「隠された神」（羅 deus absconditus）である。また、発見した場合には、その発見後の段階もあるはずである。しかし、もしこれが宗教上の大発見であれば、カリスマはなかなか他の人々とこれを共有できず、次の段階に進めない可能性も高い。共有できた場合、模倣・反復・継続段階にいたる。その場合、共有するのは一般の人々だが、それは特別な存在であるカリスマの特別の発見の意義が、なんとか伝わって理解された場合にそうなる。多くの場合、カリスマと一般の人々の間に立って、それをうまく伝える伝達者がいる。日本の伝統的な言い方では、「審神者（さにわ）[218]」という。多くの場合、分かりにくいカリスマの特殊な言葉を理解して、それを一般の人々でも分かるような言葉に変えて伝える役割を果たす。キリスト教で言えば、使徒パウロ[219]のような人物になる。もちろん、一人でカリスマと審神者の両方を兼ねる場合もあるだろうが、これは難しい仕事である。

さて、このようにしてカリスマの発見内容が一般に伝わったとしても、それが一回限りで終わってしまえば、新しい宗教運動にはならない。オリジナルの秘義を模倣して、それをだれもが共有できるなんらかの形で表し、それを継続しておこなっていかなければならない。これを「秘儀」（儀礼）とよぶ。たとえば、キリストの十字架刑による死は、もちろん反復できないので、代わりにキリストの血の象徴としてワインを飲み、その体の象徴としてパンを食べる。これが、聖体拝領という典礼である。特に、この繰り返される儀礼を中心にすえる宗教を「儀礼宗教」とよぶ。それに対して、カリスマによって伝達された言葉などを記録した、教典（聖典）を中心にすえる宗教を「教典宗教」とよぶ。さて、このようにして、なんらかの形で模倣・継続がはじまれば、宗教が成功裏にはじまったことになる。その場合、カリスマは開祖（教祖）になる。すべての宗教的発見が、ここまでこぎつけられるわけではなく、たまたま成功できたものが「宗教」とよばれている。ただ、どんなに長く続いている宗教であっても、必ず最初の段階があった、とは言える。

もちろん、ユダヤ教から生まれたシリア宗教の場合も、同様である。この親子関係にある宗教どうしの関係を表現することも可能で、シリア宗教の場合は大人と子供という区分が多い。これは、個人レベルのほうが中心だが、集団レベルにも用いられている。集団の場合、本来は子の立場のはずのシリア宗教と親の立場のはずのユダヤ教が、逆にそれぞれ大人と子供になぞらえられている。宗教上の人類全体の歩みを個人の成長過程になぞらえて、誕生から子供段階がユダヤ教で、成人した段階がシリア宗教だと、主張している。もちろん、この人類全体の歴史を個人の成長の過程になぞらえること自体は、かなり一般的で、かの精神分析のフロイト[220]による宗教の心理学的解釈でも、おこなわれている。真言密教でも、個人の修行の段階がそのまま、仏教全体の発展の段階に対応すると考えられている。空海[221]は、自分たちの密教以外の、すべての仏教を「顕教」とみなした。歴史上は、後来の密教も原始仏教を含む、先行する顕教から発展したものだが、価値上は密教を深秘な真実の絶対的教え、顕教を浅略な初歩の相対的な教えとして、順序が逆転している（『弁顕密二教論』）。

大局的に見て、シリア宗教とユダヤ教の間には数々の共通点が目につくが、おそらくそれだからこそ、なんとかして自らの優位を確保する必要があった。それで、意識的にユダヤ教との差異を強調しようと躍起になっている。これが、「反ユダヤ主義[222]」と目される背景である。もちろん、これは中世以降の西洋の反ユダヤ主義とは、時代背景がまったく異なるので、その程度において区別されなければならないが、後の反ユダヤ主義のきっかけになったり、利用されたりする可能性を与えたのは、事実である。その激しい表現は、近親憎悪によるものと思われる。なお、シリア宗教とユダヤ教の関係については、第三章（2）で詳しく扱う。

ただ、これをシリア宗教とユダヤ教という特定の宗教の枠を超えて、一般化して考えると、人類の歴史の中で様々な宗教が存在してきたし、現在も多様性がある。これを個人の人間になぞらえると、歴史的に縦の段階にもとらえうるし、同時的に横のひろがりとしてとらえることも可能である。前者の場合、まず宗教には必ず発生段階があり、それから発達段階へと進んでいくことになるのだが、空海[223]は宗教を十段階に分け、自らの真言宗をその最終発展形態とみなしている（『十住心論』）。後者の場合、マンダラ[224]によって図化された密教やヒンドゥー教のように、多様な神々を一つの体系の中に取りこみつつ、横のひろがりを十分に生かすことも可能である。シリア宗教の解釈理論では、前者が予型論的解釈に当たり、後者が並行法（発見法）的解釈に当たるが、詳しくは終章（3）で扱う。この問題は重要だが、ここでは個人レベルでの段階論に限定して考察することにして、宗教集団レベルでは、世界、歴史、文化の観点から、第三章（4）で一神教と多神教の問題として、（5）では他宗教との関係について詳しく扱う。

以上が宗教全体のはじまりとその前後だが、次に宗教者個人のはじまりとその前後を考察することにする。いわば、これは宗教そのものの一次的「発見」と個人によるその二次的「発見」である。全体の見取り図としては、人間の側に区分を設けるのが一般的だろう。最も単純には、「宗教者」と「非宗教者」とで分けるような二分法がある。もちろん、名称は様々なものがあるが、「探求者」と「信仰者」、「未信者」と「信者」など、全体を二つに分類する方法である。これに時間的な視点を導入して、変化を表せるようにすると、同一人物でも時によって、「宗教者」にもなれるし、「非宗教者」にもなれることになる。これを宗教的な観点から、価値の上下で区分すれば、段階（階梯）を認めることになる。人間の側の区分が、いわば「横の区分」で時系列に並べた区分が「縦の区分」である。基本的に、区分の間は移動可能である。しかし、二分法ではあまりに単純すぎるので、とりあえず三分法にしてみると、探求者から信仰者、完成者へ、ということになる。

この三つの段階のうち、まずは最初の段階だが、宗教学ではこの初期段階が重んじられ、「イニシエーション」（加入儀礼）とよばれる。宗教的に見れば、いわば宗教度「ゼロ」の段階から、「一」の段階への移行であるから、特に重要である。もちろん、自然宗教などで子供から大人になって、宗教集団に正式に加入する儀式の場合などには、生涯で一回限りおこなわれる特別重要なものである。もし、「宗教者」から「非宗教者」への移行を決定的で特別な変化と見るなら、これをウィリアム・ジェイムズの「回心《かいしん》」[225]のように、死と再生ととらえる見方もある。ジェイムズによれば、健全な心を持つ一般の人々を「一度生まれ」の人々とすれば、再生を必要とするような人々は病める魂を持つ、「二度生まれ」の人々だからである。「非宗教者」から「宗教者」への移行を決定的で特別な変化と見るなら、同様に「宗教者」から「非宗教者」への「逆回心」も当然ありうることになる。彼が個人の心理を重視したのは事実だが、イニシエーションはもちろん内面だけではなく、儀礼のような外面の行為や変化も伴うので、日本語の「回心」が連想させるような「心」の変化だけが起こる現象ではない。このような主観的側面に加えて、生活や行動の変化をはじめとする客観的側面もある。英語の「回心（英conversion）」の語義が示しているように、人間全体、生活全体、人生の方向性が転回する現象なのである。これは、仏教で言えば、「回心《えしん》（廻心）」である。

最初の段階はこれでよいのだが、その後も途中の段階をへて、最終段階へと続く。それは、完成、完全段階である。大きく分ければこの三段階だが、道元[226]は「即心是仏とは、発心《ほっしん》、修行、菩提、涅槃の諸仏なり」（『正法眼蔵』即心是仏）と述べて、四段階に分けた。また、イスラム教のスーフィズムでは、七段階をあげるものもある。儒教の『大学』も、修己治人の階梯として、「三綱領八条目」の八条目とした。シリア宗教では途中の段階が強調され、まさに「階段」のように細かく分かれている。儒教の性説でも、「段階」とは異なるが、人間の種類を上品、中品、下品の三つに分類した三品をより細かく、九品に分けることができる。あるいは、真言密教でも前述のように、個人の修行の段階がそのまま、宗教全体の十段階にも対応するが、これをさらに菩薩五十二位などのように、細かく分けていけばきりがなくなる。そこで、これも大きくまとめることは可能で、その場合は大人と子供という区分が多い。最後の完成段階とは成熟した段階のことで、ここで人間は神化[227]した、神的になったので、「神」とよばれる。仏教で言えば、「成仏《じょうぶつ》」できた段階に当たる。空海の「即身成仏[228]」の身体性とともに、そのもう一つの意味である、現世で生きているうちに成仏可能（現身成仏）、ということと一致する。

シリア宗教では、人それぞれであるのはもちろんのこと、同じ一人の人の中でさえ、そのときどきに別々の段階にある。その根拠としては、本来は同一の神があえて多様な形に適応したことにある。その理由は、神がその慈愛ゆえに人間一人ひとりの固有性を尊重して、多様な人間の多様な段階に配慮し、その人間一人ひとり、その段階一つひとつに合わせて、多様な象徴を用意しておいたからである。したがって、この多様性そのものは積極的に評価されている。本来は、一つに統一すべきところを、しかたなく多くのものを許容しているのではない。また、一時的に妥協して多様性を認めているが、将来できればそれを解消したいと思っているわけでもない。神が多様性を積極的に肯定しているのだから、人間もそうしなければならないのである。この「一と多」の問題は、詳しくは第三章（4）で扱うが、宗教で言えば多神教と同様に「多」の立場だが、同時に一神教と同様に「一」の立場でもある。

具体的には、神の側が人間の現状に応じて、それにふさわしい真理をその人に見せている。大きすぎず、小さすぎず、ちょうどよい真理を与え続けている。神の側の真理そのものは、あまりに豊かであるため、一度にすべてを人間に見せることなど、とてもできないからである。そのような人間の側の小ささに配慮して、少しずつ、段階をへて与え続けているのである。このように、人間の側の時間の流れに応じた変化、成長を細やかにとらえて尊重するのが、シリア宗教の特徴と言える。もちろん、だからといって、直線的に上昇していくとは限らず、上昇と下降（往還運動）を繰り返しながら、全体的には螺旋的に上昇するのが普通だろう。

実際、『旧約聖書』の詩編四五編の例があげられる。王であり預言者ともされる詩編の著者ダビデは、読者を上昇させている、という。そもそも、彼自身も上昇している。ここで、実際に語られていることは、「武具」や「剣」といった世俗的な言葉であるが、それによって「華やかさ」という意味を伝えていて、その後は再び、「弓」や「矢」といったもっと世俗的な言葉へと下降し、語られていた戦いの理由が「真理」と「柔和」と「正義」だと語って、これを読む読者を再び少しずつ上昇させている。彼がこのような上昇と下降を繰り返す根拠は、まず神自身、神性と人性を持ったキリスト自身がそうしたこととされる（キリストの神性と人性の関係については、第三章（3）参照）。したがって、著者も同様な仕方で言葉を用いた。人性から神性へと上昇し、神性から再び人性へと下降し、読者の救済のために多様な言葉を用いている。いったん上昇したはずの著者が、再び下降してきている。ここに、著者の上下運動、往還運動がある。この運動は段階的でもある。つまり、神と聖書の著者はこのような段階的往還運動を繰り返しながら、完全性に向かって少しずつ人間を上昇させているのである。知の観点から見れば、人間の側の認識能力の増大に応じて、その分だけ多くの知識を理解できるようになる。そもそも高みにいる神がわざわざ下降したのは、神人関係の中で、人間を上昇させるためだったからである。

第三章　世界、歴史、文化

(1) 新霊性文化と日本宗教

さて、第一章と第二章では、シリア宗教を中心とした中東を要に、狭い意味での宗教を扱ってきた。第三章からはそれに限らず、広い意味での宗教を含む、より広い観点から、これを位置づけたい。ここでは、現在の日本社会を宗教的観点から見た場合、三つの主要な種類に大別してみたい。第一に、科学至上主義、科学絶対主義と言えるような、科学主義[229]の影響力が衰えてきている現在から見れば、それ自体が地域性や時代をはじめとする特殊性に大きく特徴づけられていた「共産主義」と同様に、これは「西洋近代科学」という一つの体系を普遍的、至上のものとして信じる「擬似宗教」とも言える。第二に、そのような近代的擬似宗教が衰えてきたからといって、長年そのライバルであった宗教のほうが特に盛んになっているわけでもない。あまり衰えてはいないかもしれないが、せいぜい現状維持といったところだろうか。第三に、かつて近代的な考え方が支配的だった頃は、「非科学的」という一言で、片づけることができたような「迷信」を現在ではそう簡単にすませられないようになってきている。近代性に抑圧されていた前近代的、伝統的、呪術的なものの復権である。これは、「霊性」をキーワードにする類のものである。島薗進はこれを「新霊性運動」ともよんでいるが、本書ではもっぱら「新霊性文化」とよぶことにする。日本では、だれか特定の人々が積極的に活動しているような「運動」もあるにはあるが少数で、通常は文化の中でじわりじわりと社会全体に浸透しているほうが、圧倒的に多いと思われるからである。

それは「霊性《れいせい》」という日本語の変遷から見ても、言える。現在でも一般に使用されているとまでは言えないにしても、はじめて広範囲に知られたのは、今からさかのぼること七十年、鈴木大拙[230]の『日本的霊性』がベストセラーになったことによる。第二次世界大戦末期の昭和一九年（一九四四年）、焼け野原になりつつあった日本の国土にあって、それまで築きあげられてきた物質的繁栄が灰燼に帰そうとしていたとき、なお残る「霊性」に焦点を合わせることで、終戦直後の絶望的な現況にいた人々を勇気づけることになったものなので、この場合の「霊性」はもちろんよいニュアンスの言葉であった。大拙の「霊性」は、感性と知性を超える高い価値を持つ。彼は明治、大正、昭和と活躍した禅仏教者であるが、それ以前にはまったく使われていなかったのだろうか。現存する日本語で最古の用例は、おそらく一三世紀の道元[231]「弁道話」にあるもので、読みは「れいしょう」だが、漢字では同じ「霊性」が明らかに悪い意味で使われている。彼は禅仏教の曹洞宗の開祖であるから、仏教の正しい教えから見れば、身体の死後も不滅の「霊性」などという外道の、ありもしない迷信といった意味である。それでは、一三世紀の道元と二〇世紀の大拙との間でいつ頃、この「霊性」という言葉のニュアンスが逆転したのだろうか。

この間の日本宗教史を簡単にたどると、鎌倉時代には数々の宗教的天才を輩出し、日本オリジナルの仏教が形成された。大拙によれば、それによって、このときはじめて、大地性に根ざした日本宗教の霊性が覚醒した。したがって、この場合の霊性は、神道を基底として、日本仏教を含む民衆の宗教的意識が発現したものである。実際、前述の浄土系仏教や禅仏教、日蓮宗[232]といった日本仏教の主な「宗」が出そろい、室町時代までその勢力を伸張させていた。特に、仏教的死生観からの影響が著しく、従来の現世中心主義的な日本宗教では死の恐怖に対して忌避するよりほか、対処するすべを持たなかった一般の人々に対して、真正面から解決を与えた。もちろん、よい意味での「葬式仏教」の誕生である。しかし、生産力の増進、富の蓄積により、人々の関心も現世中心に移行していく。それに、既成宗派の側も勢力の伸張の結果、問題も増していった。加えて、武士に対する儒教の影響が及びはじめる。安土桃山時代には、平安時代に最澄[233]に創建されて以来の仏教の聖地比叡山を焼き打ちした、織田信長を中心とする為政者側による既成宗派の支配がはじまり、外来のキリスト教が一時的にひろまったが、豊臣秀吉によってキリスト教の禁教もはじまった。その宗教政策は、徳川家康が開いた江戸幕府によって、完成を見た。おそらく世界で最も早く、まったく宗教の直接関与なしに、政治が動かせるようになったのである。

近世の江戸時代になると、宗教に対する政治の優越が進み、儒教を含む特定の宗教の影響は縮小していった。儒教もその全体ではなく、為政者の主要イデオロギーとしての「儒学」として、本格的に受けいれられた。儒教の非宗教化、日本化が進むとともに、日本の儒教化も進んだため、その影響は様々な形で今日まで残っている。そのため、今日の日本では、「儒教は宗教にあらず」という考え方もあるが、少なくとも世界の宗教学的観点では、神道と同様に宗教である（儒教の宗教性については、第一章（3）参照）。一般民衆レベルでは、仏教の影響は続いていたが、現世中心主義が豊かで享楽的な町人文化を背景にますます勢いを増し、社会全体において世俗化が進んでいった。寺請制度により、キリスト教禁教が徹底され、仏教の既成宗派の側も、政治権力の道具に利用されるとともに、日本化、世俗化、大衆化が進んだ。この点で、仏教が最も浸透した時期は実は江戸時代だった、とも言える。それに対して、儒学者を中心とするインテリ（知識人）たちが激しい非難をあびせた。仏教伝来以前の「純粋な神道」を発見した国学者も、儒学者に続いて仏教を攻撃した。ただし、国学を大成した本居宣長[234]までは仏教に寛容だったが、幕末には外来思想に対する排他主義の勢いが増していく。

したがって、「霊性」が肯定的な意味に明確にいつ変わったかは分からないものの、鎌倉時代から室町時代にかけての日本仏教全盛期の間ではなく、安土桃山時代以降だろう。江戸時代の国学の隆盛以降であれば、肯定的に使われた可能性がよりいっそう高まる。実際、江戸時代後期には、国学者の平田篤胤(235)がそれを肯定的な意味で頻繁に使用している。そればかりか、キツネつきや前世の記憶を持つ人など、いわゆる霊的な現象を現在でいうフィールドワークによって、積極的に研究してもいる。このように、幕末には篤胤が「尊王攘夷」を唱える志士たちに大きな影響を与えて、明治になってからも平田派が廃仏毀釈を主導して、国家イデオロギーを担うことになる国家神道の元を形成したことからして、仏教を中心とする狭い意味での「宗教」の社会的地位が没落したのに対して、国家神道、日本宗教（広い意味での神道）を中心とする、広い意味での「宗教」が隆盛したのに伴って、その根底を支える「霊性」が復権していったものと考えられる。

さらに、普遍的な世界宗教としての仏教自体も、肉食妻帯をはじめとする生活化、世俗化、日本化が進んだ。これは、日本宗教から見れば、必ずしも悪いわけではないが、世界宗教としての仏教から見れば、非仏教化にしか見えない現象だろう。第二次世界大戦後も、社会全体が都市化、マイホーム主義、個人化などによって大きく変容する中で、ムラ社会に根づいていた仏教も、さらに衰退せざるをえなかった。そのような現在の宗教的状況の中では、たとえ科学主義の支配はなくなっても、かつて宗教が扱っていた死後の生や生きる意味の根源としての霊性といったテーマに興味を持ったとしても、もはや従来の狭い意味での「宗教」に戻ることなく、狭い意味での宗教外でそれらを扱うようになったのである。また、最近伝統の復権が叫ばれているように、戦後、国家神道が消滅したからといっても、広い意味での日本の宗教性は少なくとも、その核心部分においてはあまり変わっていない、と思われる。ムラ社会が学校社会や会社社会に変わっても、個人化が進んでも、心や本性までが急激に変容するほうが、無理があるのではないだろうか。実際、戦後七十年をへた今、かつて思われていたほどには戦前、戦後間の断絶は少ないとして、連続性のほうが強調されてきている。

このような日本の伝統的霊性をも十分に考慮しつつも、現代の新霊性文化の霊性には、かつての霊性とは異なる面も当然ある。現在では、伝統的な漢語由来の「霊性」よりも、むしろ英語由来の「スピリチュアル（英 spiritual）」のほうが一般化している。しかし、これは本来、「霊的な」という意味の形容詞であって、「スピリチュアル・ケア」という医療系の用語として、日本に入ってきたものである。「霊性」に当たるのは、正式には「スピリチュアリティー（英 spirituality）」である。他方では、これは伝統性だけではなく現代性も持っていて、もともとは欧米の近代性にあきたらない人々が、既成の宗教、キリスト教にも満足できず、第三の道として「霊性」の部分だけを取りだしたニューエイジ運動[236]をはじめとする運動、文化である。それが、先進国を中心とする他地域にも伝播し、日本にも入ってきたものである。そして、西洋のスピリチュアリティーだけではなく、東洋の精神世界と融合し、欧米に逆輸入されたりして相互に影響を与えあっている。

　これは、たんなる偶然ではないだろう。語源的にも、「スピリチュアリティー」の元の「スピリット」（英 spirit）は、中世西欧の共通語ラテン語（spiritus）でも、古代ギリシア語（プネウマ）でも、中東のヘブライ語（ルーアハ）でも、「風」という意味だった。アブラハム宗教で共通する『旧約聖書』冒頭の創造物語（創世記二章）では、神が最初の人間の体を造り、その中に風（ルーアハ）を吹きこんで、いのちが生まれた。つまり、「風」は、外の「大気、空気」から「息吹」、人間内部の「息、呼吸」の意味まで広い意味をあわせ持つ。東洋でも、中国の伝統では大気から人間の内部にいたるまでの、「気」という概念に相当する。この宇宙の構成要素としての陰陽二気については、（4）でも扱う。インド宗教の有名なヨーガも、たんなる呼吸法ではなく、宇宙の諸原理が下降するはしごを行者が再び上ることができるようにする技術だが、その身体技法は生気（エネルギー）が人体を循環して、頭頂部まで上らせることを目指している。

　このように「風」は、いのちの根源である「霊魂」となり、自然界における風（空気）のように、そこから体全体にエネルギー（酸素）を送ることで、生命維持を続ける。そして、死とはこの「風」の循環が終わることで、霊魂はその体の中での活動を終えるが、消滅するわけではない。その点、「霊」は生き続けるものである。ここでも、第一章（2）で扱った、マクロコスモスとしての宇宙とミクロコスモスとしての人体は連関していて、有機的な自然観を持つ。東洋と西洋で基本的には変わらず、古代の共通の考え方、ある意味で、宗教以前の宗教としての「いのち」を形成する。人間の構造から言うと、西洋近代で支配的だった心と体の二分法ではなく、それに魂を加えた三分法をとる。もちろん、西洋のキリスト教の場合、この「霊」が三一神のうちの一つ、「聖霊」（英 the Spirit/ the Holy Spirit）にまで高められたが、それとともに、もともとの「風」としてのニュアンスも失われていった。シリア宗教の場合、少なくとも初期には、シリア語「ルーハー」（風）もヘブライ語と同様に女性名詞のため、いのちの母として子を養うなど、「聖霊」の女性性が保持された。また、人間の中の霊魂としての「ルーハー」と神としての「ルーハー」との関係も、断続的ではなく密接に連関していた。

確かに、近代で支配的だった、有機的自然観をバラバラに分断してしまった科学主義[237]、ますます深刻化している環境問題の元凶としての、西洋近代科学主義の影響力が、現在は弱まってきている。しかし、それに対抗するものだった前近代の宗教も特に復興せず、その代わりにそれまで宗教や科学によって抑えられていた、宗教以前の宗教としての「霊性」が復活してきている、とも言える。具体的には、風水占い、パワースポット、パワーストーン、暦の吉凶を気にすること、超能力や超常現象などである。これは前近代では「魔術（英 magic）」、「呪術」に当たる。「霊性」に比べて、特に「呪術」のほうは、まだ悪いニュアンスが伴う言葉だが、「脱魔術化／脱呪術化（独 Entzauberung）[238]」（マックス・ヴェーバー）した現代社会にあって、非科学的なものは否定されてきたが、そのような世界観は限界に来ている。このように、近代性によって魔術的力を失った自然が、それを再び取り戻してきている現象を「再魔術化」とよぶ。この前近代の世界観と脱魔術化の問題については、終章（1）で詳しく扱う。特に、日本では既存の宗教とは違って、特定のリーダーや組織を明確に持たない場合が多く、様々なメディアを通じて、その「世界観」が共感され、自然にひろがっている。関心のある個人が、ゆるやかなネットワークを形成し、拘束性や集団性が稀薄である。

このように、個々の自然そのものに、大きな、神的な力が宿っており、その森羅万象が互いに有機的につながり合うことで、全体として生ける宇宙を形成している、という宇宙観は前近代までの諸宗教で広く見られた考え方で、この点ではシリア宗教も例外ではないし、密教のマンダラ思想もこの系譜に属している。[239]日本宗教についても、直訳すれば「霊魂主義」という意味の「アニミズム」[240]というラベリングが幅をきかせている。しかし、現在から見れば、これも純粋に「霊魂（羅 anima）」を重視する考え方、という意味ではない。日本では何かよいニュアンスを伴った言葉として、一般化してしまったが、西洋近代の「未開」宗教に対する偏見から、宗教進化の階梯の最下層に位置する宗教を指して、一九世紀に人類学者のタイラー[241]が造った宗教学用語だったので、本来それが持つ侮蔑的なニュアンスを度外視して、安易に使用するべきではないだろう。少なくとも、日本以外で無自覚に使用することで、大きな誤解を招きかねないからだ。それに比べて、「霊性」、「スピリチュアリティー」のほうは、問題が少ないことになる。

（2）世界宗教と地域宗教

一方では、グローバル化が進む現在、新霊性文化は洋の東西を問わず、急速に世界にひろまった。もちろん、そのスピードには及ばないが、東西の交流そのものは、すでに古代からおこなわれていた。幸い日本でも、シルクロード研究は活況を呈しており、東西交渉史研究の中に宗教も含まれることは、言うまでもない。ただその場合、特に陸のシルクロードは連続した一つのまとまりであって、東アジアと西アジア、特に中央アジアを切り離して論じることは、事柄自体に即していない。特に、紀元一千年期に実際にシルクロード交易に中心的にたずさわり、陸のシルクロード交易を支配したソグド人[242]の交易ネットワークは、中央アジアのソグディアナだけではなく、東西アジア全体に及ぶ。日本でも今世紀になって、ソグド研究が一般の耳目に触れるようになってきた。これに関連して、マニ教[243]、ゾロアスター教[244]研究が盛況である。マニ教は、ゾロアスター教同様に善悪二元論に基づくペルシア発祥の宗教だが、ゾロアスター教と異なり禁欲主義を旨とする普遍宗教だったので、ソグド人の間を含め広く世界にひろまったが、世界各地で迫害された。ソグド人の本来の宗教は、ゾロアスター教だったが、一部はマニ教、シリア宗教に改宗した。その結果、貴重なマニ教の絵画が、最近日本で発見されているし、ゾロアスター教も奈良を中心として、広い意味でのシルクロードでつながっていた日本とも、無縁ではない。中国の場合は言うまでもなく、特にマニ教唯一の現存する寺院建築が中国にある。このように、シリア宗教も遅くとも七世紀には、中国までやってきていたのだが、そもそも彼らはどこから中国まで来たのだろうか。それはシリア宗教もゾロアスター教、マニ教と同様に、ササン朝ペルシア帝国[245]からである。

　他方では、ローカル化と言うべき、グローバル化とは逆の方向の変化も見られる（二つ合わせて、「グローカル化」）。つまり、世界が一体化（普遍化）すればするほど、その反対である個々の地域の特性の強調がおこなわれる（特殊化）。さて、アブラハム宗教内でも、同じアラム宗教として、シリア宗教とユダヤ教は様々な点で類似しているが、それでは逆に決定的な相違点は何なのだろうか。それは、普遍宗教と特殊宗教の相違である。（1）で見たように、宗教も地域の文化と深いつながりを持っている。ただ、ある特定の地域文化の中だけで成立している宗教「地域宗教」（特殊宗教）とそうではなく、別々の広い地域文化にまたがって成立しているものとがある。それが世界にまで及んでいるような、仏教やイスラム教などの宗教を特に「世界宗教」（普遍宗教）とよぶ。このような大きく二種類に大別できる違いは、その宗教にとって本質的な相違なのだろうか。それとも、たまたま現在、そうなっているだけなのだろうか。もし、現在「世界宗教」とされている宗教が、ある特定の地域文化にしか根づいていない場合、それは「世界宗教」ではなく、「地域宗教」になってしまうのだろうか。逆に、地域宗教が世界にひろまったとき、それは「地域宗教」でなくなり、「世界宗教」になるのだろうか。この興味深い問いに答えてくれうるのが、四世紀のイラクである。古代の人々にとって「世界」とも言える広大な版図を有した、強力なササン朝治下の諸地域の一つメソポタミアでは、ユダヤ教とともにシリア宗教がペルシア帝国内の少数派としてのアラム語圏[246]の住民と土着のセム文化の共通の基盤であった。当時の「世界宗教」たるゾロアスター教が体制側の力を伴って彼らの地域に入ってきた時代に、彼らはどのように反応したのだろうか。そのシリア宗教の人々は当時、自らをどのように認識していたのだろうか。

メソポタミアはだいたい、現在のイラクに当たる地域で、ティグリス、ユーフラテス川の間にはさまれた地域を指し、これは古代のアッシリアとバビロニア地域に当たる。現在のイラク地域は、七世紀にイスラム教がおこって以降、その中心地となり、特にアッバース朝の首都として築かれたバグダード（現イラクの首都）は、世界最大の都市として長らく栄えた（一二五八年にモンゴル帝国軍によって、壊滅するまで）。現在のイラクでも、アラム語を話すキリスト教徒とユダヤ教徒がマイノリティーとして、存在しているが、四世紀の状況は現在と大きく異なり、アラム宗教が多数を占めていた。古代メソポタミア文化を継承するアラム人は、支配者側のペルシア人とは異なる民族だった。宗教的にも、古来のメソポタミアの宗教はシリア宗教に取って代わられていたが、ササン朝ペルシアはゾロアスター教を国教としていた。そこで、キリスト教徒は同様にアラム語を使用するユダヤ教徒とは違って、ササン朝から迫害を受けた。キリスト教徒の場合とは異なり、ユダヤ教徒はペルシアの国家から迫害されていなかったのである。そればかりか、彼らはペルシアの側に立ってキリスト教徒と対峙していた、とも言われる。このような背景の下でおこなわれたにもかかわらず、ペルシアの賢者アフラハト[247]のユダヤ教に対する論争はきわめて理性的で、古代キリスト教の中で最も良識的と言われる。アフラハトは、正統派シリア宗教の現存する最古の著作『論証』を残した。以下では、この著作の内容を追っていく。

このペルシアのシリア宗教が独自性を有することは確実だとしても、他方ではいくつかの点で非常に普遍的でもある。それでは、この普遍性と独自性とはいかなる関係にあるのだろうか。「教会全体」と称されるものとは、具体的に何を指しているのだろうか。その共同体が「あらゆる言語」と「あらゆる民族」から構成され、彼の民が世界の「あらゆる地域」にいる、と断言されている。このように普遍性が主張されている。いったい、なぜペルシアのキリスト教徒は自らの普遍性を主張するのだろうか。「民」、「民族」はシリア語では特有の用法があり、注目に値する。その単数形が単独で用いられる時は、「ユダヤ民族」、すなわち「神の選民」を指す。その複数形はユダヤ人以外の「あらゆる民族」、すなわち「諸民族」、「異邦人」や「異教徒」を指す。当然、アラム人キリスト教徒も、このいずれかの民族的分類の中に組みいれられることになる。彼らはユダヤ教徒ではなく、異教徒出身という自己意識を持っていた。したがって、シリア人キリスト教徒も、ユダヤ人以外の世界の「あらゆる民族」の側に属することになる。このような状況によって、彼らの自己意識の普遍化、非アラム化がうながされた。

　とはいっても、彼らキリスト教徒は自らそうであると主張するような存在には、到底見えない。実際には、ペルシア帝国ではしょせん、一部の地域に存在するマイノリティーの一つで、しかもユダヤ人の後塵を拝する、ただのアラム人にすぎなかったからである。自らを「非アラム化」[248]して、その普遍性を認めてもらうためには、なんらかの方策が必要だった。そのための第一歩は、アブラハムを彼らの「父」（父祖）として措定することだった。すでに見たように、彼らの現実の父たちはメソポタミアの異教徒だったので、宗教上の「父祖」が要請された。そこで、ユダヤ人の父祖ヤコブからさらにさかのぼって、彼の祖父アブラハムをその「父祖」に担ぎだしたのである。実際、『旧約聖書』の創世記ではアブラハムは神に選ばれて、アラム人を含むあらゆる民族の父とよばれる人物なので、まさにそれには適任である。アラム人キリスト教徒は、ユダヤ人と共通の父祖を持つことで、彼らと並んで神の民の一つと見なされる基盤を首尾よく手中に収めることができた。

　しかし彼らは、神の民としての地歩を占めただけでは、満足しなかった。彼らが講じた次なる手だては、その特権的地位の独占化である。キリスト教徒によると、ユダヤ人は神に従わなかったので、神によって斥けられた。そして、神の民としてのユダヤ人なき今、彼らのものを引きついだのがキリスト教徒だった、という。彼らに取って代わりうるのは、異邦人の中でキリスト教徒をおいて他になかったからである。かくして、旧約の族長たち[249]や他の聖徒たちはみな、キリスト教徒の「父たち」となった。これにはもちろん、ユダヤ人の直接の先祖たちも含まれる。実際、『論証』においてこの「父たち」という語は、大抵この転義的意味で用いられている。果ては、かのヤコブでさえ「われらの父」とよぶことができるようになったのである。

ここに、自己の過去の「脱構築」および再構築という彼らの企図が、ついに完成を見た。これは歴史的意義を持つだけではなく、同時に教会という、地理的にも世界にひろがる共同体との自己同一化がおこなわれたことを意味する。いわば、民族集団（アラム人）から宗教集団（普遍教会）への自己意識の転換である。ただ、この方策そのものは彼らの独創ではまったくなく、ガラテヤ書をはじめとする『新約聖書』で、パウロ[250]が考案したものを忠実に繰り返したものである。以上のような、大本のアブラハムにさかのぼって、自分たちの「真の神の民」としての正統性を主張する仕方は、七世紀以降、基本的には同じことをイスラム教もおこなった。「アラム人」を「アラブ人」に替え、直接アブラハムではなく、その子イシュマエルを担ぎ、さらに教会に替えて「ウンマ」（イスラム教団）を示すことで、アラブ民族宗教を超えて、普遍宗教化に成功したのである。

シリア人にしてみれば、地元のメソポタミアが舞台となった物語に特別な思い入れがあっても、なんら不思議ではない。実際、当時のほとんどの教父たちがローマ帝国内に居住していた中で、現地在住のアフラハトによる『旧約聖書』のダニエル書とエステル記の多用は、傑出している。メソポタミア南部（バビロニア）だけではなく、メソポタミア北部に関しても、古代帝国の名「アッシリア[251]」やその王「センナケリブ」、その首都「ニネヴェ」の名が散見される。ここには、自らが属する集団の居住地域に対する、特別な意識が現れている。地域への執着は、先に見た普遍性の主張の中でさえも見てとれる。ときに過剰なまでに、自らの地域とのなんらかの、つながりを発見するかまえで、その可能性がある聖書箇所を読んでいた、と思われる。これとは対照的なのが、彼の政治的支配者であるササン朝ペルシアの扱いである。地域に対して見られた親近性が、ペルシア帝国に対してはま

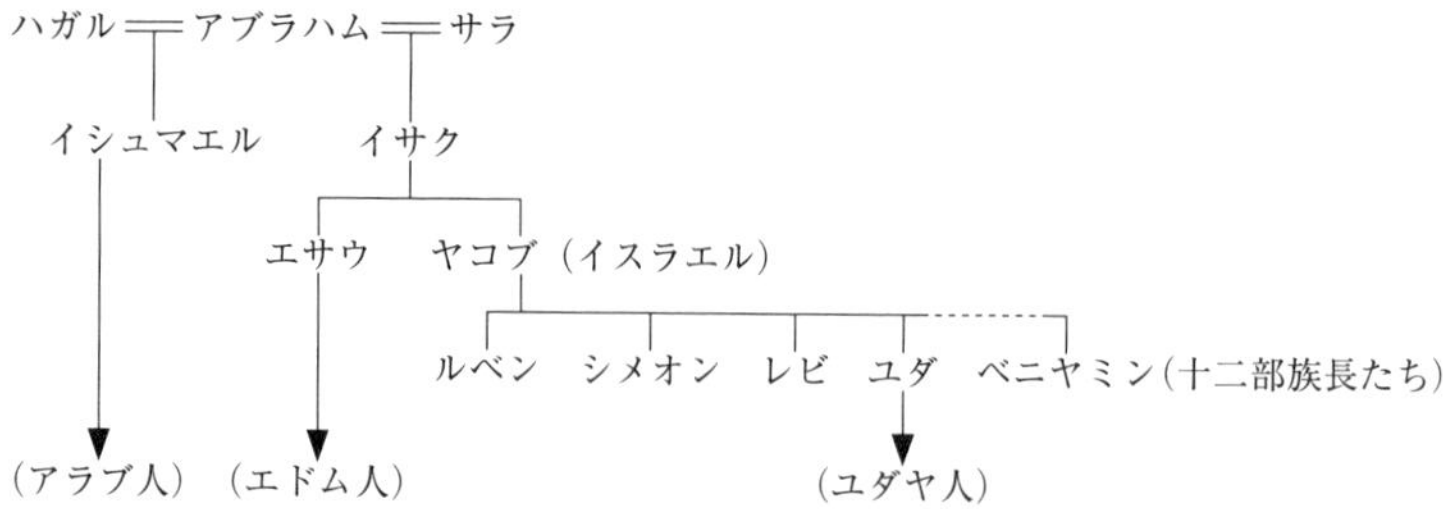

アブラハム宗教におけるアブラハム関係の家系図

ったく感じられない。

アフラハトは「神の民全体」という全体的な表現を好むものの、読者として実際に彼の念頭にあったのは、ある特定の集団だったことが分かる。今回の場合は、ササン朝の首都である二重都市セレウキア＝クテシフォンの教会が関心の的だったように、彼の関心はある特定の場所の特定の教会に向けられていたのである。それゆえ、自分たちの普遍性を理念として盛んに主張してはいても、現実には諸民族の扱い方に明白な偏向が見られたとしても、ことさらに驚く必要はない。

その偏向が頂点に達するのが、アフラハトのダニエル書七章の解釈である。ササン朝ペルシアの場合とは違って、そこでのエドム人へのいれこみようは尋常でない。エドム人とは、ヤコブの兄エサウの子孫とされる民族である（図「アブラハム宗教におけるアブラハム関係の家系図」を参照）。ところが、他にはよく知られていないこの民族が、アフラハトの歴史思想において、きわめて大きな役割を果たしているのである。というのも、アフラハトはこのエドム人こそが、かのローマ人の先祖だ、と考えていたからだ。彼は、ダニエルが見た預言的幻の中の四頭の獣をバビロニア、ペルシア、ギリシア、そしてローマと解する。その歴史神学によると、世界の最終的な支配国はローマでなければならない。これは、後代のシリア人たちと同時代のギリシア人たちの見解にかんがみて、オリジナルかつ画期的な解釈である。それほど、彼の解釈の特殊性が噴出している、とも言える。

それではなぜ、アフラハトはすべての国々に対するローマ人の優越を主張するのだろうか。その答えは単純明快で、彼らがキリスト教に改宗したからである。

彼らは「聖なる民」とさえ、よばれているのである。アフラハトが『論証』という、なかば公共の書物の中で、「あらゆる民族の王なるキリスト」と語るとき、同じく彼が語る「西方のわれらの兄弟たち」と関連づけて、その王権の意味深長さを想起せざるをえない。『論証』執筆当時、ペルシア帝国内のキリスト教徒が置かれていた危うい政治的状況を考慮に入れれば、その重大さはいやます。

三一三年からのローマ帝国のキリスト教化[252]は、何も教会にとって好都合なことばかりではなく、不都合をももたらした。ローマの宿敵が、その敵意の矛先を突如としてキリスト教徒に向けてきたのである。その宿敵とはもちろん、三世紀から対ローマ戦争を仕掛けてきたペルシア帝国である。『論証』は、三三七年から三四五年という、まさにこの図式が形成された時期に、三回に分けて書かれた。確かに『論証』自体には、キリスト教徒の迫害と彼らの国家に対する姿勢との直接の関連性を示す証拠はないが、それが激化していく様子は十分に読み取ることができる。しかし、本来ペルシア帝国は、異民族、他宗教に寛容な伝統に立つ国だったはずである。そのペルシアを熾烈な迫害へと駆りたてたからには、それ相応の原因があったと考えられる。キリスト教徒の親ローマ的態度が、ローマとまさに交戦状態にあったペルシア側を刺激したとしても、おかしくはない。それならば、偉大な王シャープール二世（在位三〇九—三七九年）ほどの人物がこの後、終生キリスト教徒に疑念を抱き、迫害を継続したのも、しごく当然である。

アフラハトは旧約の先人たちとの一体性を強調しつつも、同時に一般のユダヤ人との差異化をはかっている。他方、当時の支配者たるササン朝との距離を保っている。換言すれば、空間的には所属する国家に対する無関心を装う一方で、時間的には血統上の祖先を超えて、理念上の父祖たちとの連続性を強く意識する。つまり、ペルシア帝国のキリスト教徒の自己意識としては、普遍の立場に立っていたことになる。驚くべきことにこの点では、帝国内での立場が正反対だったにもかかわらず、同時代のローマ帝国のキリスト教徒と基本的に一致していた。しかし、この彼らの主張と現実との間には大きな隔たりがあるので、これを正当化するためには、なんらかの方策が必要だった。しかし、彼らの選んだ方策の立て方からもすでに明らかなように、この方策自体が地域に密着したものだった。理念上の「あらゆる民族」を超えて、現実の居住地域に対して特別な関心を抱き、その政治的・軍事的解放者としてのローマの「兄弟たち」に強く期待している。現実には、そのあらゆる普遍性の主張にもかかわらず、地域的特殊性がにじみでている。この点で、他の地域宗教と同様に、特定の地域文化を代表する宗教としてのペルシアのシリア宗教の独自性を確認することができる。

ペルシアのシリア宗教思想においては、この理念と現実の両面を明確に区別する必要があるのだ。ササン朝ペルシア帝国内のシリア宗教は当時、現実としてはメソポタミアの「特殊宗教」、「地域宗教」だったが、自己意識としては「普遍宗教」、「世界宗教」のつもりだった。はじめから、普遍性、世界への指向性を持っていたのである。当時は、ペルシア帝国内外の「世界」にひろまっていた「世界宗教」に見えたゾロアスター教がその実、ペルシア人の「民族宗教」だったのとは、逆である。実際、四世紀当時には西アジアの地域宗教にすぎなかったシリア宗教はこの後、南アジアのインド南部、七世紀には東アジアの中国までひろまり、イスラム教成立・ペルシア帝国崩壊後も中世を通して、同じ中東発祥のイスラム教、マニ教とともに最も広い範囲にひろまった世界宗教の一つになった。近現代においては急速に縮小して、中東を含む世界各地で、マイノリティーとして存在している。

したがって、現実に世界にひろまっていなくても、自己意識（アイデンティティー）としては、「世界宗教」でありえるし、逆に世界にひろまっていても、その内実としては「地域宗教」でありえるのである。その時々で、たまたま世界規模でひろまっているからといって、本質的に優れた宗教と言うことはできないのはもちろんのこと、逆に特定の地域に限定されているマイノリティーだからといって、劣った宗教と言うことはできない。しかし、その宗教の規模のいかんにかかわらず、自己意識と地域性に関しては、現在、世界宗教である西洋のキリスト教とイスラム教がシリア宗教と普遍性を共有し、民族宗教のユダヤ教はシリア宗教と地域性を共有していることまでは、言えるのである。

（3）救済宗教の東西

（2）では西アジアを扱ったが、比較宗教学としての宗教学[253]は、西洋のキリスト教が東洋の仏教と本格的に出会うことによって、はじまったのだから、本書でもここで原点に戻り、この東西の救済宗教を比較してみたい。二〇〇六年に、中国で景教（シリア宗教の中国名）の新出土資料「洛陽碑」が発見された。この画期的な発見は、一七世紀に発見された「大秦景教流行中国碑」[254]以来の約四百年ぶりの大発見で、唐代の長安だけでなく洛陽での景教徒の存在が確認された。また、この九世紀に立てられた碑では、「大秦景教流行中国碑」以上に、仏教の用語がふんだんに援用されている。したがって、遅くても七世紀には中国でシリア宗教と仏教が出会い、少なくとも九世紀にいたるまで、相互交流があったことは明らかである。ただ、当時はインドの大乗仏教の最終発展形態である密教が盛んな時期で、本書でもその密教、日本の浄土系仏教、中国的な仏教としての禅仏教を中心に、様々な観点からシリア宗教と比較してきた。

しかし、仏教との比較で言えば、やはりそれだけではなく、創唱者のゴータマ・ブッダ[255]にまでさかのぼり、キリスト教のイエス・キリスト[256]と比較すべきだろう。ただ、これは仏教との比較だけではなく、同じアブラハム宗教のユダヤ教、イスラム教との接点としても、有効でもある。神という超越的な存在を認める点ではアブラハム宗教は共通しているが、ことイエスの神性となると、認めていない点ではユダヤ教・イスラム教だけではなく、仏教も共通しているのである。逆にイエスに関して、この三宗教が認めうる点は、人間イエス、イエスの人間性（人性）である。それでは、イエスの神性ではなく、覚者性の場合はどうだろうか。特に、この仏教にとって最も重要な「覚」の点で、仏教と比較してみることにしたい。キリスト教の側では、三一論（三位一体論[257]）とともに重要な思想に、キリスト論[258]がある。イエス・キリストの超越性（神性）と人間性（人性）との関係を論じるものだが、単純に言えば、このうち神性を強調すれば先述の三宗教の立場からは遠くなり、人性を強調すれば近くなる。第一章を中心に考察したように、この人間性を強調したのが東シリア宗教（アンティオキア学派）の立場である。これを両性論（二性論）という。そこで、今回は現存する古代からのキリスト教の中で人性を最も強調した東シリア宗教のイエス・キリスト理解を中心に、仏教のゴータマ・ブッダとの共通点が何で、それはどの程度なのかを探っていきたい。これは、第一義的にはイエス・キリスト論だが、同時に人間論でもある。

さて、とかく救済宗教としてのキリスト教と仏教を比較して、「信の宗教と覚の宗教」と表現されることが多い。もちろん、図式としては分かりやすいが、常に例外がつきまとうものである。もちろん、全体の傾向としては間違っていないのだが、より詳細に見ると少なくとも誤解を招きやすい面がある。「キリスト教は信（仰）だけで、覚の要素がない」とか、「仏教は（自）覚だけで、信の要素がない」とかいう誤解である。すでに、第一章（5）で考察したように、仏教の中でも、絶対者への信の立場を最も徹底した親鸞[259]の浄土真宗をはじめとして、信の要素や他力救済が少なからずある宗派は多いし、キリスト教思想の中にも神人共働論をはじめとして、程度の差こそあれ、自力救済、覚の要素が散りばめられている。第一章（5）では、仏教内の信の要素は扱ったので、ここではキリスト教内の覚の要素を考察したい。このさい、具体的な方法としては、キリスト教と仏教との関係を現在、思想的に最も掘りさげて研究している研究者の一人、八木誠一[260]の宗教哲学を援用することにする。人間イエスの宗教的経験は、ゴータマ・ブッダの経験のように、「ブッダ（覚者）としてのイエス」と表現可能かどうかを八木の用語を使って、禅仏教を中心とする仏教的概念で分析、考察してみる。なお、厳密に言えば、仏教では「救済」を「解脱」と言うべきであるが、ここではキリスト教との比較の都合上、広い意味での「救済」という語を共通して用いた。

八木の著作『イエスの宗教』の特徴は、キリスト教になる前のイエス自身の体験、自覚という根源までさかのぼって、分析していることである。ギリシア哲学の存在論を援用して、もっぱら神を人格的主体としてとらえる西洋のキリスト教を批判し、仏教思想を援用した西田幾多郎[261]の場所論的理解を打ちだしている。そもそも、三一論もキリスト論も、場所論的概念である、という。八木によると、人間は神そのものを直接経験することはなく、神の働きを経験する。宇宙全体がこの神の働きの「場」（神の国）の中にあり、あちこちに神の働きが現実化している「場所」がある。自然界では、基本的にそうなっている。これを「作用的一」とよぶ。人間としては、イエスがまずこれに気づいて、自らで現実化した、という。これがイエスの覚（悟り）に当たる。人間を神の働く場所と解釈する、主な根拠としては、『新約聖書』ルカ一七章の「神の国は、君たちのなかにある」というイエスの言葉があげられる。

しかし人間の場合は、この経験がだれの身にも起こるわけではない。「単なる自我」は、この神の働きに気づかず、エゴイズム（我執、自己中心）に陥っているからだ、という。しかし、神の働きを自覚し、執着から離れるとき、自己（真の自分）になる。これが、回心である。自己が主体となると、神の働きを自然におこなうようになる（神人の相互内在）。その後も「わたし」（自我）は残るが、それはもはや「単なる自我」ではなく、自己を反映した自我になるので、中身がまったく異なる。これを「自己・自我の自我」（「自己→自我→」）とよぶ。自我が無限に透明になれば、さながらに自己の働きを表出していることになる（自己と自我の一）。これが、イエスである、という。

さて、これらの八木宗教哲学は一見、新奇な思想に見えるかもしれないが、実はそうではない。シリア宗教を含む東方キリスト教の枠組みでは、しっくりとくる。なかでも、最も中心的な「神の働き」の視点からこれを略述しておこう。東方キリスト教思想で、人間への「神の働き」と言えば、まっ先にギリシア語の「エネルゲイア」（独　エネルギー）が思いうかぶ。確かに、人間に知られる「神」は、神そのもの（実体／本質）ではなく、「エネルゲイア」である。しかし同時に、「エネルゲイア」も「神」である（グレゴリオス・パラマス[262]）。し神の「エネルゲイア」である。しかし同時に、「エネルゲイア」も「神」である（グレゴリオス・パラマス[262]）。しかし、神のエネルゲイアは人間を強制せず、あくまでも人間の自由意志による主体的な働きによって、働く。これが、「希　シュネルギア（英 synergy）」（神人共働）である（第一章（5）参照）。したがって、人間は創造的発見の主体である（第二章（4）参照）。神人の相互内在に当たるのは、「希　ペリコーレーシス」（相互浸透[263]）である。

これはキリストに関する論争だが、同時に人間論でもあった。ここでの「人間」はもちろん、身体であり人格（希　プロソーポン／羅 persona）である。この身体性の重視と人間の全一的な理解は、シリア宗教の特徴でもあった。身体（ミクロコスモス）の中で生じた神人共働は、宇宙（マクロコスモス）全体に及び、全一的に完成へと導く（再統合としての終末論）。これが、宇宙論的に理解された全一的な交わり（有機的共同体）としての教会（希　エクレーシア）である。

この「自己・自我」論では、神の働きと人間の働き、神の意志と人間の意志との一性が強調されるだけではなく、同時にあくまで固有性を保持し、神性と人性はそのままで相互浸透する。八木が援用する、滝沢克己[264]が主張したように、「不可分・不可同」だが、「不可逆」ではない。途中まで、滝沢神学と一致しているが、最後が異なるので、この相違点が重要である。つまり、「自己↓自我↓」かつ「自己↑自我↑」の双方向の働きということになろう。それに対して、八木のように「自我」から「自己」への働きをあまり認めない「不可逆」の立場を取ると、どちらかと言えば、単意論[265]になる可能性がある。イエスの場合は、自我がほとんど自己を反映しているのだから、人間の働きではなく、神の働きだけになる可能性がある（単働論[266]）。このように、ギリシア哲学の影響を強く受けた立場では、「一」性を強調しようとした。それに対して、アンティオキア学派同様、両性論的キリスト論を徹底したギリシア・キリスト教の証聖者マクシモス[267]は単性論[268]だけではなく、単働論、単意論も否定して、キリストにおいて神の働きと人間の働きの二つの働きがあり、神意と人意との二つの意志があって、あくまで二つがあるからこそ、まことに神、まことに人なのである（両性論）、とした。ここでの二つの意志が「自己・自我」に対応する。この神人共働論については、第一章（5）参照。

しかし、統一性を強調すると、個々のものが持っていた個性が消滅してしまい、単一のものになってしまう。普通、神秘主義[269]で理想とされる境地「神秘的合一（羅 unio mystica）」のように、「一」性を理想とする立場である。逆に、ユダヤ教・イスラム教の立場のように、神と人間との区別が絶対に解消されない二つの別々の個性を強調すると、関係、調和が保てなくなる危険がある。それに対しては、「ペリコーレーシス」という可能性もある。神が神のままで、人間も人間のままで、それぞれの固有性を少しも失うことなく、なおかつこの二つが深く交流しあうこと、つまり「二」性を理想とする立場である。ユダヤ神秘主義研究の開拓者にして第一人者の、ゲルショム・ショーレム[270]が理解したユダヤ神秘主義も、こちらの立場である。

各個人が「自己」（真の自分）に目覚めるとき、その「自己」が神との作用的一であれば、それを媒介とした神との一性は強調されるが、それが徹底されれば、自我が実質的に自己、ひいては神に吸収されて、「神↓自己↓」になってしまう。「自己」こそが本来の自分（キリスト）なのだからだ。そうすると、形式的には「自我」が存在するといっても、結局は価値のないものということになる。しかし、問題とすべきは神の働きを認めない「単なる自我」であって、自我そのものではないはずである。確かに「単なる自我」が自己に働きかけるのは問題だろうが、「自己・自我の自我」ならば、その固有性を十分に認め、そこから自己に働きかけることも認められるだろう。「自己・自我の自我」が純粋に自己を反映するだけになると、この結合は自由な主体による自発的な営みとされる、愛（統合作用）ではなく強制的な「統一」になってしまうだろう。そもそも、「統合」も「統一」も一体化の方向にある点では、同じである。そうすると、自発的な「統合」という人間の働きも、結局は均一化されてしまう。この「統合」も、むしろ「統一」に陥ってしまう。「有機的統合体」たる教会も一性が強調されると、多様なものどうしであるからこその一致の妙、が失われてしまうことになる。これでは、純粋な意味での「神人共働」になっていない。せいぜい、神主導で人間もそれに協力するだけの、形式的な「共働」にすぎない。

一方向性という点では、場所論がすでに一方向的である。「神人の相互内在」と言っても、厳密な意味での「相互関係」にあるのではなく、一方が他方に含まれる「包含関係」にある。だからこそ、「場」と「場所」とが明確に区別されねばならなかった。あくまで、「場所」が「場」に含まれるのであって、その逆ではない。八木によれば、「神の国」は「場」で、そこにある「場所」が人間である。神の国と世界、世界と人間、自己と自我では、前者から後者への一方向的働きが主であって、双方向的で対等な関係ではない。

異なるものとの一性が強調されすぎると、互いに隔たりをもった「他者」性が弱まり、ひいては個性を持った自分、「自者」性も弱くなってしまう。これを「単性論」という。しかし、「キリスト」を媒介にしても神の他者性が解消されないように、人間イエスの他者性、あらゆる人間の他者性も安易に解消されるものではない。もはや、「模範としてのイエス」では不十分で、イエスの根源の「イエスではないもの」にいたらなければならないと言う場合、結局それは「なんでもない」、「だれでもない」、ただ透明なものになるのではないか。イエスの根源（直接性）にいたることは、イエスの個性の解消につながる。ここまで徹底してはじめて、ただの「ブッダ」（覚者）としてのイエスになりうる。この仏教の立場は、先述の「一」性の立場でもなく、「二」性の立場でもなく、「不一不二」、「一即二」、「無」性を理想とする立場である。「不一不二」という仏教用語は、「一つでもなく、二つでもなく、一つであり同時に二つである」という意味である。結局、神性だけが残るのでもなく、神性は神性のままで、人性は人性のままで、各々の固有性が残るのでもなく、すべてが空（無）になる。シリア宗教は結局、この立場は取らなかった。

このように、シリア宗教は西洋のキリスト教に比べて、他者としての超越的な神による人間に対する一方的な働きを徹底して否定し、人間自らに内在する「絶対自由意志」（西田幾多郎[271]）の発露としての覚と神の働きとの自発的な共働を徹底して肯定することで、特に原始仏教や禅仏教と共有する覚の宗教、自力救済への可能性を示した。キリストの神としての要素だけではなく、人間としての要素を最大限まで確保し、このどちらかが別のどちらかに解消されることを断固として拒否した。ただ、このように、言葉の真の意味での「神人共働」をはじめとする、神人の二つの面それぞれの固有性を徹底して強調した結果として、あくまで人間イエスの個性（イエス性）を保持したことで、仏教（覚者性）との相違も残ったのである。仏教のように、「一即二」とは言えないからだ。これは、いわば「絶対他者性」とその他者から見た他者としての「絶対自者性」であるが、この他者性に関して詳しくは、終章（2）で扱う。

（4）一神教と多神教の間

一般に、西洋の宗教と東洋をはじめとする非西洋の宗教を比較すると、まずは「一神教と多神教」の違いとして分類される場合が多い。しかし、一九世紀に西洋で出現したこのラベリングは、果たして自明のものなのだろうか。そもそも、西洋の主要な宗教であるキリスト教は、「父、子、霊」の三者を神とするので、一神教とは言えないのではないか。もちろん、キリスト教の側ではこの三者は同時に一者でもあるから、一神教であると主張してきた。しかし、純粋な一神教であるユダヤ教・イスラム教はこの点で、「キリスト教は多神教である」として、キリスト教と厳しく対立してきた（一神教に関して詳しくは、終章（2）参照）。この三一論は、唯一神教のアブラハム宗教内で、キリスト教がユダヤ教・イスラム教とたもとを分かつ、最重要な特徴でもある。ということは逆に、多神教を中心とする世界の他の宗教との類似点、接点になりうることになる。「三」という数は、あとで詳述するが、たとえば中国思想では、ただたんに「一」でも「二」でもないということ以上に、「多」一般への入り口として「三以上」という意味を持っている。したがって、「多」全体を代表するものでもあるから、一般化すれば「一と多」の問題のはじまり、とも言えるのである。

実際、三神は「父、母、子」の場合が典型的だが、たとえば古くは、古代エジプト宗教の「オシリス、イシス、ホルス」や古代ローマ宗教の「ユピテル、ユノ、ミネルヴァ」のように、三主神を特別に重要視する宗教は、いくらでもある。シリア宗教以前のシリア（メソポタミア）地域の宗教である古代メソポタミア宗教も、それに含まれる。その中でも、三神各々の独自性（三性）を強調する場合もあれば、この三者間のなんらかの統一性（一性）を強調する場合もある。一方では、日本神話の「アマテラス、スサノオ、オオクニヌシ」の三主神格は、三種の神器（鏡、剣、玉）に象徴される、主権（祭祀）、軍事、農業の三種の機能をそれぞれ分業している。この三機能の分立は、フランスのデュメジル[272]が明らかにした、インド・ヨーロッパ語族が共有していた古い神話体系と類似していて、たとえば北欧神話の「オーディン、トール、フレイ」の最有力神が、それぞれ至高神、武神、豊穣神のトリオを形成していた。

　他方では、インドのヒンドゥー教の「ブラフマー、ヴィシュヌ、シヴァ」の三神一体や密教の「法身、応身、化身」の三身相即のように、三一性に近いものが存在する。だからこそ、中国におけるシリア宗教（漢語名「景教」）も、この「身」を援用して、父、子、霊の三一神を「妙身、分身、浄風」と表現したのである。近現代になってからも、鈴木大拙[273]が『大乗仏教概論』で「法身、応身、報身」の三身説を唱え、日本宗教でも「天之御中主神、産霊大神、幽冥大神」という三神の、復古神道の平田篤胤[274]による役割理解は、三一的である。もちろん、篤胤はキリスト教の影響を受けているとはいえ、キリスト教と完全に同じ意味での三一性ではないかもしれない。いずれにせよ、「三と一」の関係もどちらかと言えば三性を強調するか、それとも一性を強調するかの程度の差こそあれ、絶対的な差異はない。したがって、「三」と「一」がそれぞれ代表する多神教と一神教の関係の問題も、この三一性の問題を媒介にすれば、必ずしも二項対立的にとらえる必要はなく、相対的な問題と言える。もちろん、それでも「一即三、三即一」、つまり鈴木大拙のように「一即多、多即一」と言えるかどうかは、まったく別の問題である。

ただ、理論的、抽象的に比較考察するより、実際に接触したことがあるほうが、具体性があると思われる。とかく分かりにくい三一論自体をよりよく理解するためにも、キリスト教だけを考察するより、それと似た考え方との交渉や比較をするほうが、かえって独自性、固有性もはっきりしやすいだろう。具体的には、本書では東アジアでの接触を取りあげたい。一神教としては他にも、景教に続いて中国に到来したイスラム教（回教）も長らく景教と併存していたし、現在でも中国に存在しているので、同じ西アジア伝来の普遍宗教として共通性が予想される。また、少数ではあるがユダヤ教も長らく存在している。多神教としては、中国宗教があげられる。シリア宗教は、七世紀までに中国に伝播したときから、早々と多神教世界である中国の三教（儒教、道教、仏教）との接触がはじまっていたのである。

すでに高度に発展した宗教的伝統がしっかりと根を下ろしている文化・地域の場合のほうが、新たな宗教の参入・布教がより困難な場合が多いが、別の視点から見れば、それだけ豊かな出会い、再創造の可能性がある、とも言える。唐代はその好例で、儒教、道教、仏教がすでに確立されて、高度な発展を遂げつつあった。しかも、この三教はいずれも、現在でも大きな影響力を持つ世界の主要な宗教である。現在の日本語の三一論、三一神の「三一」という用語も近代アジア・キリスト教の造語ではなく、景教がすでに千二百年以上前から採用していたものであった。しかも、その景教の創作でもなく、さらにその数百年前から中国宗教で使用されていた用語を取りいれたものである。また、内容上は大乗仏教との間にも類似したことが言えるが、用語上は景教以前にはすでに主に道教が使用し、景教が採用したのと同時代以降は、三つでありながら一つであるという「三一神」という意味で、豊かな発展を見た重要語の一つでもある。道教の経典を収集した『雲笈七籤《うんきゅうしちせん》』(275)では、「精・神・気」の「三一」が身体性との関係が深い神秘的な神として頻出するが、宋代の一一世紀に編纂されたものなので、ここでは景教への影響関係の可能性がはっきりしている魏晋南北朝時代までに限定して考察したい。

景教の「三一」概念と中国宗教の「三一」概念とを比較してみよう。まず歴史書だが、前漢の『史記』(276)では、

「天一・地一・太一」という三神のことをまとめて、「神三一」とよんでいるだけである。神々の名前、つまり言葉が景教と同じだけで、その意味は似ていない。両者の間の共通点は、せいぜい三性であって三一性ではなかった。ただ、詳細に比較検討してみると、この「三一」という語は、両方とも崇敬されている神々に関連する語であり、なかでも「太一」は「天神」や「天帝」として、神格化された北極星のことだったと思われ、特に後の道教において大きな役割を果たすことになる。次の『漢書』[277]における「太極」としての「太一」の場合は、万物を生みだす大本の気エネルギーのことである。宇宙は現在、「天・地・人」の三領域に分かれてはいるが、原初の混沌状態では同一の「太極」に由来するので、もともとは一つなのである。この考え方は、天と地と万物を造った創造者としての、景教の父なる神に似ている。したがって、両者の共通点は、三一性や三者の固有性というよりは、宇宙生成論的観点からの統一性だったので、「一における三」という意味になる。

ところで、道教に大きな影響を与えた『老子』、『荘子』の老荘思想[278]においては、景教の「三一」の主要な典拠と見なされる箇所が三つある。特に、「一」と「三」との関係理解の根本テクストは、『老子』第四二章の

道は一を生じ、　　道生一、
一は二を生じ、　　一生二、
二は三を生じ、　　二生三、
三は万物を生ず。　三生萬物。

で、『老子』でしばしば見られるように、ここでも道に焦点が合わせられているが、それが万物を生みだす過程も描写されている。ただ、語「三一」そのものは登場していないし、これだけ簡潔な表現だけに、「一」と「三」それぞれに様々な解釈の余地があるので、景教との類似性の問題はどの解釈をとるかしだいで、大きく変

わってくる。むしろ、道教における明らかな関連箇所の基盤と背景を提供してくれている。「三一」関係の箇所で、しばしば参照されているからである。ただ、「四」以降のすべてが「万物」として省略され、そのすべてを生みだす元、すなわち代表として「三」が述べられていることは分かる。

もう一つは第一四章の

之《これ》を視れども見えず、名づけて夷と曰《い》ふ。　視之不見名曰夷。
之を聴けども聞えず、名づけて希と曰ふ。　聴之不聞名曰希。
之を搏《とら》ふれども得ず、名づけて微と曰ふ。　搏之不得名曰微。
此の三者、致詰すべからず、　此三者不可致詰、
故に混じて一と為《な》す。　故混而爲一。

だが、ここでは確かに「三」と「一」が直接同じ文の中に登場している。この三者とは、「夷」、「希」、「微」のことである。これを老子はそれぞれ、「見えないもの」、「聞こえないもの」、「触れないもの」の意味と説明している。この三者の一性が強調されている。いずれにせよ、これも他の箇所と同様に、道の把捉不可能性が述べられている箇所である。

三つ目は、「一」だけが登場する箇所だが、「一」理解には欠かせない重要テクストである（第三九章）。ここでの「一」も道を指し、その世界における働きのことを述べていると思われる。

天は一を得て以《もっ》て清く、　天得一以清、
地は一を得て以て寧《やすらけ》く、　地得一以寧、

神は一を得て以て霊たり、　神得一以靈、
谷は一を得て以て盈《み》ち、　谷得一以盈、
万物は一を得て以て生じ、　萬物得一以生、
……………………　…………

さて、次は組織された宗教としての道教だが、事実上の道教が登場したのが後漢末なので、四世紀はじめに著された『抱朴子』[279]は、道教の現存する最古の作品の一つということになる。「三一」の問題に関する最古かつ最重要の箇所の一つも、この『抱朴子　内篇』の中の地真篇にあった。一なるもの（一者）が、この地真篇全体のテーマになっている。この冒頭は、『荘子』天地篇の引用からはじまっている。原文の「一に通じて万事畢《おわ》る」（通於一而萬事畢）を「人能《よ》く一を知れば、万事畢る」（人能知一、萬事畢）と解している。ここでは、一者が知のはじまりであり、その終わりでもある、とされる。一者さえ知ることができれば、すべてのことを知ったことになるし、逆に一者を知らないならば、何も知らないことになる、というのだ。

さらに、

道は一より起こりて、其《そ》の貴《とうと》きこと偶《なら》ぶもの無し。各《おのおの》一処に居りて、以て天・地・人を象《かたど》る。故に三一と曰ふなり。
（道起於一、其貴無偶、各居一處、以象天地人、故曰三一也。）

とある。一般に、『老子』第四二章のように、一者は道から生じるものとされる。せいぜい一者は、道と同一視されるぐらいまでしかできない。『抱朴子』の著者の葛洪は、これで満足せず、「道は一者から生じた」と言って、

生成の順序を逆転してしまったのである。こうして彼は、一者を道の上位にさえ置いた。したがって、一者にその高貴さの点で、匹敵するものなどないことになる。続いて、天・地・人の三者を説明して、それはそれぞれが一者によって別々のものとして形成されたからだとする。それと同時に、三者は同一の一者から生じたので、一つでもある。

続いて、再び『老子』を自説に合うように改変しながら引用して、一者が宇宙のすべてのものを、各々の仕方でよくしていることを主張する。

天は一を得て以て清く、　　天得一以清、
地は一を得て以て寧く、　　地得一以寧、
人は一を得て以て生じ、　　人得一以生、
神は一を得て以て霊たり。　神得一以靈。

このことは、宇宙生成のさいだけではなく、それ以降も現在にいたるまで、自然一般に当てはまる。陰陽二気を生じているのも、この一者なのだからだ。そして、その少しあとに『老子』第一四章で、

之を視れども見えず　　視之不見
之を聴けども聞えず　　聴之不聞

と言われていることも、一者についてのものとして引用をしている。また、

老君の曰ふ、「忽《こつ》たり恍《こう》たり、其中に象有り。
恍たり忽たり、其中に物有り」とは、一の謂《いい》なり。
（老君曰、忽兮恍兮、其中有象。恍兮忽兮、其中有物。一之謂也。）

と語って、『老子』原文では道に関して言及されている箇所をみな、一者についてのものとして解して、その不可視、不可聴、恍惚という把捉不可能性、神秘的な面を強調する。道と同様に、一者も言表不可能である。新プラトン主義のプロティノス[280]が言うように、そもそも「一者には合う名前が一つもない」（『善なるもの一なるもの』）からだ。その後も、一者の遍在性が長々と語られていく。そして、道士たちがめざす不老不死を達成するには、一者との関係を保つことが最も肝要だとして、実践的な面を説くことで当該箇所の最後が締められている。「人能《よ》く一を守れば、一も亦《また》人を守らん」（人能守一、一亦守人）と。

　ここでは、一者が非常に高い位置を占めている。様々な点で、一者に比肩できるものは何もなく、「道」でさえもその例外ではない点は、他のほとんどの中国古代思想と異なっている。それ以外の中国的特徴は堅持しつつも、一者の群を抜く卓越性はほとんど絶対者であって、一神教的である。したがって、この一者は古代中国の神々の中で、上古の「天」と並んで、最もシリア宗教の神に近づいたものの一つ、と言うことができる。しかも、天、地、人という三者それぞれの独自性も、ある程度は保持されている。三者と一者の関係にも言及されている。そうはいっても、全体としては統一性のほうがきわだっていて、「一にして三」という意味になる。このように、『老子』、『荘子』のような古典の独自的、創造的な読みを積極的におこなうことで、後の道教の三一性概念の発展に対して中継ぎの役割を果たした。

　シリア宗教と道教を中心とする中国宗教思想との共通性は以上であるが、景教の三一性の特徴で特に顕著な特徴は、有名な「大秦景教流行中国碑」[281]における「三一妙身」（三一である父）、「三一分身」（三一である子）、「三一浄風」（三一である聖霊）という「三一」の形容詞的用法で、すでに術語化して普及していたかのようであるが、前例は存在しない。『抱朴子』と比較すると、三者をそれぞれ別々に扱っていて、それぞれの独自性は明らかである。碑文本文の最後に、「三一」という言語表現そのものの可否の問題に触れている。

道はこれ広《ひろ》く、応はこれ密なり。強ひて言《げん》を名づけて三一を演《の》ぶ。
（道惟廣兮應惟密。強名言兮演三一。）

宇宙の根本原理である「道」そのものは、実に広大無辺なものであるが、同時にその現実的な対応は実にこと細かい。すなわち、人間の必要に応じて、具体的な言語表現の必要も認める。それで、おそらく『老子』第一章の「道の道とすべきは、常の道に非《あら》ざるなり。名の名づくべきは、常の名に非ざるなり」（道可道也、非常道也。名可名也、非常名也）をふまえて、「真常の道は妙にして、名づけ難く」（眞常之道、妙而難名）と一応はそれを認めている。しかし、結局は『荘子』斉物論篇にも「物は固《もと》より可なる所有り。…物として可ならざるは無し」（物固有所可。…無物不可）とあるように、「道に可ならざるは無く、可とする所は名づくべし」（道無不可、所可可名）と反論している。

つまり、そもそも本来の理念としては言表不可能とされてきた「道」であるが、現実への対応を重視して、あえて言語化して表現するならば、「三一」という表現になる、ということである。一方で著述者（景浄）は、道の名状しがたさを認めつつ、「三一」という言葉に強く依存している。他方では、描写できない神を表現するためにある特定の語彙を使用せざるをえないので、この語彙の限界も知っていた。苦労して使用可能な最もふさわしい語彙を選びつつも、一般の中国人の読者たちはこの語によって統一性のほうを思い浮かべることを知っていた。それで、他に「三一」以外の語彙を使用して三者をあえて個別的に描写することで、一者とのバランスを取ろうとしたものと考えられる（「三にして一」）。この場合、普通「一神教」と見なされているキリスト教側が多性の入り口としての三性を強調し、普通「多神教」と見なされている道教側が一性を強調していることになる。このように、三一性は唯一性と多数性の間に立って、その両方を媒介する役割を果たしうるとは言えるが、「一即三」つまり「一即多」とは言えないのである。

（5）多宗教共生への道

一つの社会における、一つの宗教と別の宗教との関係は伝統的には、もちろん日本の神仏習合のような「宗教混淆主義（シンクレティズム）[282]」もあったが、現在の「原理主義」に代表されるような「排他主義」が多かった。二〇世紀の後半になって、他宗教どうしが接触する機会が急激に増えてくるにしたがって、ようやく新しい考え方がひろまってきた。代表的なものに、「包括主義」（カール・ラーナー[283]）と「宗教多元主義（英 pluralism）」（ジョン・ヒック[284]）がある。ただ、日本ではこの「宗教多元主義」という訳語が定着してしまったが、原語を直訳すれば「複数主義」であり、多くの宗教間で共通する、神のような究極的存在を想定しているので、多元的ではなく、むしろ一元的であることに注意する必要がある。これらはあくまで理論であって、現実で多宗教共生が真に実現しているところは、ほとんどなく、日本、キューバ、南インドのケーララ州[285]など、例外的である。このうち日本については、すでに序章（1）などで扱ったので、そちらを参照願いたい。キューバは、アフリカのヨルバ宗教と西洋のカトリックとが出会い、レグラ・デ・オチャが生まれた「宗教混淆主義」的で、ケーララはヒンドゥー教、シリア宗教（キリスト教）、イスラム教、ユダヤ教が長らく平和共存してきた「包括主義」的である。しかし、いずれも天皇制や社会主義体制やカースト制など、それぞれに特殊な状況があるので、普遍的なものとは言いがたい。このように、残念ながら、共生への道がいまだ進んでいない現状では、諸宗教の平和共存の未来に向けて、現代以外にその可能性をたどるしかないだろう。

最近、宗教間対話などが進み東アジアの宗教関連でも、中国宗教や仏教とキリスト教というテーマが盛んに取りあげられて、すでに久しいが、そのほとんどは実際にキリスト教と接触したものを扱ったわけではない。そこにいくと、景教（シリア宗教の中国名）はすでに千三百年前から、実際に三教と接触していた。比較宗教そのものも、もちろん西洋近代の発明ではなく、九世紀に景教と同じ長安に留学し、帰国して活躍した日本の空海[286]も『三教指帰《さんごうしいき》』で、当時の（東アジア）「世界」の主要三宗教であった儒教、道教、仏教を比較して論じている。

その三教が優勢な中国周辺で、シリア宗教はどのような振る舞いをして、経験を重ねたのだろうか。かつては、この同じ環境が「シンクレティズム」として、安易に非難の対象になっていたが、むしろ景教は豊かな材料を提供してくれる存在である。宗教間対話や多宗教共生が、少なくとも部分的にはすでに模索されていた。中国の歴史では例外的に外国宗教全般に寛容であった、唐代、元代に特に妥当する（中国・モンゴル型）。モンゴル人の本来の宗教は、終章（1）で考察するトルコ系同様、シャーマニズム[287]だが、モンゴル帝国期などは、帝国のトップであるハーンが率先して諸宗教間の融和をはかり、宗教間対話を主導すらしていた。唐代は中国とイスラム帝国が世界の二大国の地位を占めていたし、元代にはモンゴル帝国が中国を含む、史上最大の世界帝国だった。その環境では、諸宗教が併存するのはむしろ当然の状況であった。

さて、唐代についてだが、有名な「大秦景教流行中国碑」[288]が諸宗教共生の様子をうかがい知れる稀有な機会を提供している。これは、六三五年に景教が公式入唐したことを記念して、七八一年に長安に建立されたものである。本書では、景教に対する中国側の対応とそれに対する景教側の再対応に新たに注目する。近年、欧米、中国をはじめとして、日本でも東アジアのキリスト教への関心がとみに高まっているが、そこでは明清時代についての研究を中心に、外国から布教する側の視点から現地で受容する側の視点へのパラダイム・シフトが起こっている。しかし、ただ受容する側だけに集中するだけならば、従来の視点を逆転させたにすぎない。本書も、これらの最近の動向をふまえて、唐朝による景教理解から出発しつつも、唐朝側の宗教的寛容と景教側のそれとの相互関係を独自に考察する。異文化の出会いは当然、一方的なものではなく双方向的なものだからである。

「大秦景教流行中国碑」の本文は、三つの部分から構成される。第一段の教義的部分、大部分を占める第二段の歴史的部分、第三段の文学的部分である。第一段では景教の三一神の父、子、聖霊について順に叙述した後、景教徒の日常生活について語られている。第二段では、太宗、高宗、玄宗、粛宗、代宗、徳宗の順に歴代皇帝と景教との関係史が語られる。そして、第三段は教義的部分の最初から歴史的部分の最後までの内容を同じ順番で再び取りあげ、詩文でもって三一神と皇帝を頌栄する。このうち第二段は、景教の公式入唐の記述とそれに対する、太宗のこの詔勅ではじまる。


道に常名は無く、聖は常体無し。方に随《したが》ひ教を設けて、密に群生を済《すく》ふ。

（道無常名、聖無常體、隨方設教、密濟群生。）


これは、唐朝側の発言の唯一の直接引用なので、特に重要である。「大秦景教流行中国碑」はこの詔勅を真摯に受けとめ、ほぼ原文通り引用した。なかでも、この詔勅の冒頭は最重要テクストである。これが詔勅全体の枢要と考えるからである。以下では、この四句各々に対する碑文内照応を考察する。

第一の「道無常名」に関しては、この場合の「道」は、もちろん宇宙の根本原理、究極的真理という中国思想の基本概念を指す。本書では、この「道」概念を中心に置いて思想構造の分析をおこなう。ここでは、「道」それ自体を表現する不変の特定名称は存在しないという、個別性の上にある普遍性が述べられている。これは、『老子』第三二章の「道常無名」（道は常に名無し）をふまえていて、道教色が濃い考え方である。この詔勅ではこれ以上詳述していないが、教義的部分の最後の部分によると、道の名状しがたさ、つまり言表不可能性の理由は、その神妙さ、玄妙さにある。また、「妙」という語は、「道」自体ではなく「教」についての説明の中ではあるが、「玄妙」という表現で詔勅自体でも使用されている。

さて、「妙」は他に三回登場するが、それはすべて冒頭部分の文に集中している。

粤若《ここに》、常然真寂は、先《さき》の先にして、元《はじ》め無く、窅《よう》然として霊虚《れいきょ》なり。後の後にして妙有《おお》し。玄区《げんく》を惣《ひき》ゐて造化す。衆聖に妙にして、以て元尊なるは、其《そ》れ唯《ただ》我が三一の妙身たる無元の真主阿羅訶《アラカ》なるか。

（粤若、常然眞寂、先先而无元、窅然靈虚。後後而妙有。惣玄樞而造化。妙衆聖以元尊者、其唯　我三一妙身无元眞主阿羅訶歟。）

ここでは、「道」という語自体は登場していないものの、明らかに宇宙の根本原理について述べる中で、「妙」が使用されている。景教が理解する「眞常の道」を中国在来の語彙で表現したものと言える。その際に最も重用したのが「妙」という表現だったのである。特に、キリスト教にとって最重要の三一神における御父を「妙身」と表現したことに、注目すべきである。これにより、その神妙さを強調している。他には「元」も三回使用され、うち二回は「無元」と言われているので、御父が万物の本源、究極的根源それ自体であり、従って御父の源は存在しないことも強調している。

第二の「聖無常體」に関しては、道と聖がパラレルになっている。それぞれ最頻出語の一つであるが、うち五回は並んで用いられている。この二つの密接な関係は、特に教義的部分の最後で明言されている。

惟《おも》ふに、道は聖に非ざれば弘《ひろ》からず、聖は道に非ざれば大ならず。道聖は符契して、天下は文明なり。

（惟道非聖不弘、聖非道不大。道聖符契、天下文明。）

この二つは不即不離の関係にある、と言える。ここでも見られるように、「大秦景教流行中国碑」は百五十年も前の詔勅を一言一句にいたるまで真摯に受けとめ、それを十分に理解しようとしたものと言える。さて、「聖」とは、知徳の優れた聖人のことである。具体的には、主に天子（皇帝）に用いられている。その代表例としては、第二段にある代宗に関する「聖は元を体するを以ての故に、能く亭毒《ていどく》す」（聖以體元、故能亭毒）があげられる。だが、第一段では旧約の二四人の聖人に対しても用いられている。そして一度だけではあるが、三一神の御子に対しても用いられている。

是に於て、我が三一の分身景尊弥施訶《メシア》は…。室女は聖を大秦に誕《う》む。
（於是　我三一分身景尊弥施訶、…。室女誕聖於大秦。）

ただ、御父の場合にも、「衆聖」と区別して、その上の存在であることを示して、「元尊」と言われていたように、御子の場合も「景尊」と言われている。「元」の普遍性に比べれば、どちらかと言えば、「景」すなわち「景教の」という個別性も垣間見られる。いずれにせよ、御子（キリスト）を多数の聖人の中の一人として表現しつつも、同時に特別な存在と表現していることは確実である。

第三の「随方設教」に関しては、まず「教」だが、この詔勅と同様の表現がキリスト教の創設に関しても、用いられている（「三一浄風無言の新教を設けて」（設　三一淨風無言之新教））。これによると、キリスト教は新しい教えであり、玄妙であり、それゆえ名状しがたいものである。特に、『老子』第三七章や『荘子』知北遊篇などにもある、「不言の教」（不言之教）をふまえていて、道教色が濃い。ここまでは、唐代の中国思想の基本的枠組みをほぼそのまま受容し、その範囲で可能な限りキリスト教を位置づけてきたが、ここからは語調が少し異なる。第二段の玄宗について語ったあとでは、「道」の許容範囲の広大さと許容範囲での言述に対する積極的な姿勢が見られる。「道」のすべてが表現できないのではなく、明らかな部分は明らかにすべきなのである。したがって、第三段では端的に「明明景教」、「眞道宣明」という表現さえ見られる。だからこそ、その結果として詔勅でも、

其の教への旨《わけ》を詳らかにするに、玄妙にして無為なり。其の元宗を観《み》るに、生成要を立つ。詞に繁説無く、理に忘筌《ぼうせん》有り。

（詳其教旨、玄妙無爲。觀其元宗、生成立要。詞無繁説、理有忘筌。）

と受けとられたのである。これは、奥義自体の神妙さとその表現の平易さというキリスト教の両側面を見事に言い当てたものと言える。

これに関する景教側の最も重要な表現は、第一段の最後に位置する次の発言である。

真常の道は妙にして、名づけ難く、功用は昭《あきら》かに彰《あら》はる、強ひて景教と称す。

（眞常之道、妙而難名、功用昭彰、強稱景教。）

ここでは、「道」の名状しがたさを認めた上で、あえて言語表現をおこなった、と語るのである。ここでは、本来言表不可能なはずの「道」をあえて表現しているので、「強ひて」と述べている。中国思想の枠組み内で景教思想を表現していくさい、いつか「破れ」の契機が、どうしても生ずる。それが、教義の説明の総括にさしかかり、「景教」という自らのアイデンティティーを語る、まさにこの時であった。通常の寛容の一線を超えて、真理契機を言表せざるをえない事態である。これはあたかも、「中国のみなさんが今まで考えてきた宇宙の根本原理は、確かに神妙で表現が困難なものですが、あえて表現すれば私たち『景教』のことだったのです。これは、

『景教』の実績という証拠を見ていただければ、明らかです」と主張しているようなものである。それは、「道」自体ではなく、その「功用」が明らかだからである。結果を見て、その原因たる「道」が分かる。ここでは、「道」という普遍に対して固有名「景教」を相当させる、という禁じ手をあえて使用している。

そして、詔勅の「方」に関してだが、これには直後にある「大秦國大徳阿羅本、遠将經像、来獻上京」という具体的な内容が対応している。つまり、西方のことを念頭において、大秦国（シリア）という遠国にも中国と同様に道が存在するが、その具体的な現れである宗教は異なっている、という意味である。「大秦景教流行中国碑」では、「方」は確かに西方を意味する「金方」や「東方」という表現に見られるように、主に世界の中の一地方という意味で用いられている。が、冒頭の創造論では、そうは言っても西方だけではなく、そもそもその「四方」を定めた存在がいると主張する（判十字以定四方）。これこそが創造者たる景教の神というわけである。つまり景教は、中国思想の根本概念たる「道」の普遍性を認めた上でそれに乗じて、多数の個別の中の一つにすぎないはずの「景教」こそが、実は普遍そのものだ、という本領乗っとりを主張しているのである。これは、個別性の現実の中での普遍性の主張という点で、第三章（2）で見た、ペルシアにおけるシリア宗教とほぼ同一の考え方である。

第四の「密濟群生」に関しては、まず「濟」だが、第一段で「含霊は是に於てか、既に済はる」（含靈於是乎既濟）と言われ、御子による人類救済の業が完了したことが主張されている。詔勅自体にも、「物を済《すく》ひ、人を利す」（濟物利人）という言葉がある。この表現だけでは、その内容が今ひとつ分かりにくい。類似表現には、「物資美利」がある。ここでは、貴重な産物の描写や「文物昌明」をはじめとする、地上の「楽土」としての大秦国描写にも現れているように、物資の豊かさが述べられている。具体的には、「来貢」、「来獻上京」という表現から、東西交易による利益が考えられ、福祉活動も考えられる。しかし、それだけではない。「人有樂康」という句が、「大秦景教流行中国碑」では珍しく二回も用いられている。一回目は大秦国の描写としてだが、その同じ表現が二回目では、唐の描写に使われている。その二回目では、「人有樂康」のあとに「物無灾苦」と続く。ここでも「人」と「物」が並列されている。人間の豊かさに万物の豊かさが呼応している。これに、詔勅冒頭の「密濟群生」と合わせて読めば、「道」は万物を救済するのはもちろんのこと、利益ももたらす、ということになる。これらをよくまとめているのが、景教の「功用」に関する次の箇所である。

若《も》し風雨の時も天下静かに、人は能く理《おさ》まり、物は能く清らかに、存して能く昌《さか》え、没して能く楽しみ、念は響応を生じ、情は自《みずか》ら誠を発せしむるは、我が景力の能事の功用なり。
（若使風雨時、天下靜、人能理、物能清、存能昌、歿能樂、念生響應、情發自誠者、我景力能事之功用也。）

これは、景教が現世における国家統治の成功や物質的繁栄だけではなく、死後の安楽、人間相互の関係および個人の内面の感情という深部にまで良い感化を及ぼしていることを述べている。ただ言葉による教えだけでは、景教が真理である証拠にはならない。前述のように、景教がこのような力を発揮している事実こそが、証拠と主張されている。こうして、抽象的理論に偏りがちな景教の真理性について、具体的現象によって説得しようとしたのである。

景教資料は、中国におけるキリスト教の現存する最古のものである。しかし、今日ではその内容が在来諸宗教に妥協的だとして、とかく過小評価されるきらいがあった。しかし、景教の他宗教に対する寛容の姿勢は、唐の皇帝から景教に対して示された姿勢に対応したものと取れば、きわめて自然なものである。少なくとも、根本テクストである「大秦景教流行中国碑」は皇帝の詔勅を一言一句にいたるまで真摯に受けとめ、それを十分理解した上で、それに応答する形で自らの立場を述べたものである。景教の他宗教に対する寛容の姿勢は、唐側の姿勢に学んだ、もしくは呼応したものである。ただ、唐代の宗教的寛容の精神は景教にとって両刃の剣であった。

一方では、相対主義、宗教混淆主義に陥る危険があった。この場合、思想的にも文化的にも優位に立つ中国の豊かさに埋没してしまうことになる。他方では、それをよいことに自らの絶対性に拘泥して、他宗教を理解しないまま排斥しようとする可能性もあった。この「排他主義」に立った場合、宗教多元的状況下では勅許を得られず、伝道をおこなうことすらできないことになる。歴史上、景教はどちらの陥穽も避け、よく中国に踏み留まった。中国宗教とその経典を理解し、言語を身につけ、それによって自らの思想を表現する道を歩んだ。中国の一道三教という、既成の枠組みの中の三教側に入れてもらい、一道四教とすることを目指したのではなく、むしろ一道の側に立とうと試みた。一元論的普遍主義に対して個別主義でもって答えるのではなく、もう一つの普遍主義として答えた。その点では、あえて現代の用語で言えば、中国側の「道」一元論としての「多元主義」に対して別の一元論としての「包括主義」で答えた、ということになる。このような先人の真摯な試みに対して、現代の私たちが安易に低い評価を下すべきではないだろう。特に、ハンス・キュング[289]をはじめとする、現代の神学者による中国宗教思想との対話の試みを見るにつけ、七世紀から八世紀という早くに、それを遂行した景教徒たちの苦労がしのばれる。現在の多元的な宗教状況における寛容の重要性の観点から見れば、むしろそれを千二百年先駆けたもの、と肯定的に評価できる。

終章

(1) 前近代の世界観と脱魔術化

以上で考察してきたように、現代のますますグローバル化が進む世界の中で、宗教の問題はいっそう重要になってきている。しかしながら、古代発祥のアブラハム宗教をはじめとする伝統宗教を前にして、かつては優勢に見えていた近代性をもってしても、ついぞ宗教の問題を制することはできなかった。日本をはじめとして世界規模で脱近代化、再魔術化が進行しつつある今、宗教に関しても近代以前の状況を再確認した上で、「近代性」とは何だったのか、を自己同一性と他者性の観点から考察し、最後に未来に向けて現代思想における宗教性の意義を考察して、本書の終章としたい。

まず、現代の世界で、影響力が大きくなっている新霊性文化の「霊性」は、前近代との連続性を重視して表現すれば、呪術に当たる。したがって、前近代を近代へと主導していった「脱魔術化／脱呪術化[290]」とは、いったい何だったのかを前近代の状況に戻って、再検討する必要があるのではないか。シリア宗教も前近代のいわゆる

「未開」宗教に出会い、それと交渉を持つ中で、呪術的な力を発揮した。具体的には北東アジアのトルコ系やモンゴル系の遊牧民の宗教、シャーマニズム(291)である。

視点を変えて、広く文字文化史では、アラム系文字の東方伝播史に景教も深く関わっている。中国の内モンゴル自治区では以前から使用され続けてきたが、現モンゴル国でも近年復活したモンゴル文字や中国最後の王朝清朝で、はじめ漢語を抑えるために漢字の上の地位を占めていた満州文字、これらの元となったウイグル文字、さらにその元であるソグド文字などは、すべてヘブライ文字同様、アラム系文字である。つまり、北東アジア内だけでも、歴史的には漢字文化圏に拮抗する形でアラム系文字圏の存在がある。同じ「東洋史」でも、遊牧民の視点から見ればまったく異なって見える。シリア語自体もアラム語であるが、アラム系文字の中心の一つがシリア文字なのである。トルコ系の人々もすでにウイグル文字などを有していたが、シリア宗教化した人々は、自らのトルコ系の言語を記述するのに、あえてシリア文字を採用している。

彼らとの交渉の様子が、一九八三年から八四年に中国の内モンゴル自治区で発見されたハラホト新出土シリア文字文書で、最近明らかになったので、ここではそれを紹介したい。一一世紀から一四世紀にかけて、中央アジアのシリア宗教の現地化、トルコ化が進んだので、シリア文字で書かれたトルコ(テュルク)語文書が見つかった。この文書では、前近代の社会と宗教の関係が分かる。次に、魔除けの護符(292)のようなものが、シルクロード上で大量に発見されているが、ハラホトでも見つかった。この文書の特徴は、その中でも特別大きなものだということである。トルコ語文書が多い中で、この文書は中東のシリア文字、シリア語のままで書かれている。シリア語聖書も原語のまま引用されているが、おそらくこれは聖なる文字、聖なる言語そのものに宿っている呪術的な力を期待して、であろう。この点では、道教で最重要なものの一つである護符をはじめとして、密教の真言(293)、日本宗教の言霊思想など、多くの宗教と共通している。

まずは、トルコ語文書であるが、そこでは二人称で「あなた」に戒めるように語られていて、パラフレーズすると、だいたい次のようになる。

貧しい人がいたなら、自分の家に招いて食べ物を与えなければ、罪になる。逆に、『新約聖書』でイエス・キリストが教えたように、だれでも彼の名で、のどが渇いた貧しい人にたった一杯の水でも、功徳になることを考えてキリストの弟子として与えるなら、終末の復活後の最後の審判で、その善行の報酬が与えられる。神は二倍の報酬を与える。一杯の水を与えたとき、二倍の報酬を与えると言われているのなら、貧しい人を自分の家に招きいれて食べ物を与えるならば、その報酬も必ず与える。したがって、「わたしは貧しい。何も持っていない」などと言ってはならない。『新約聖書』にある、貧しい未亡人がなけなしの金を神に捧げた話のように、貧しい人への施しを惜しんではならない。

貧しい人に一個のパンを与えるならば、唯一永遠の神がその人の家と家財に祝福を与える。その人の食物ばかりか、功徳も日増しに増していく。唯一永遠の神に捧げものをすると、神は報酬を与える。神は恐ろしい最後の審判の日に助けてくれる。その長い旅路の食料こそが、貧しい人に施しをすること、貧しい人に慈悲をかけることなのだ。最後の審判の日に、神は息子や娘、奴隷たち、父母、財産、領地、金銀をその人に与える。貧しい人に施しをすることは、罪を清める。罪を取り除く神は、貧しい人に施しをする人に慈悲をかける。死から救う神が慈悲をかける。

だれでも宗教儀礼に参加するさい、恐れをもって参加するなら、特にその最も聖なる典礼のときに、罪のことを考えて、恐れおののいて立つなら、そのさいに全世界の罪の許しを請う司祭は、一つの疑いでも持ちながら話すべきではない。その最も聖なる典礼のときに、恐れおののきながら、震えながら…。

この文書全体のテーマは、貧しい人々への施しで、経済的な問題が扱われている。もちろん、貧富の差があって貧しい人が存在している社会が前提になっている。そこで、福祉活動という善行が勧められている。具体的には、ユダヤ教・イスラム教と同様に施し（喜捨）という行が重視されている。したがって、宗教と経済、聖と俗は分離されておらず、社会における宗教的実践が重視されている。特に、実際に飢餓や渇が日常茶飯事だったことが背景にあるのか、食べ物と飲み物をはじめとする財産一般の贈与とその結果としての報酬が、具体的に述べられている。宗教的に言うと、因果応報思想が顕著である。貧しい人々に施すことは、神に捧げものをすることと見なされている。出し惜しみをしてはならない。なぜならば、喜捨は二倍になって自分に返ってくるからだ。まずは、現世で祝福される。そして、終末に復活をして最後の審判を受けるときに、神が助けてくれる。施しによって、罪が清められるからだ。それゆえ、罪を取り除く神は、その人を永遠の死から救ってくれる。そればかりか、家族との再会や様々な経済的利益まで与えてくれる。報酬は具体的で、物質的、現世的であり、現世と来世は連続していて、乖離していない。また、祝福も現代の個人主義のように個人単位ではなく、家族単位で与えられる。

ここでは、特に最後の審判が重視され、恐れの感情が現世での善行の強い動機になっている。彼らは将来の最後の審判を、実際に現実味を持って生きていたのだ。聖なる儀礼への参加も、その最後の審判の日の予型であるかのように、同様の恐れを持って参加している。おそらく、宗教儀礼に参加するのなら、貧しい人々に施しをしてから、そうすべきことが勧められている。特に、聖なる儀礼を執りおこなう立場の者が、自ら罪をかかえたままで、神に全世界の罪の許しを請うことなど、許されないことだからだ。具体的には、典礼でキリストの体と血としてのパンとワインを受ける資格がないことになる。このように、宗教儀礼の厳粛さが強調されている。ここまでが、前近代のシリア宗教の世界観である。これと当時のトルコ宗教のシャーマニズムとは、どのような交渉を持ったのだろうか。それが、次のシリア語文書の内容である。

これによれば、現状としては人間が魔術によって束縛されている。具体的には、悪霊ども、悪鬼どもがその人の中に取りついていて、その人の自由を奪っている状態を指す。それは呪いによるものだし、彼らはただ強力なだけではなく、悪知恵も働かせる。宗教現象学では、このような特別な状態（変成意識状態）をまず、憑依型と脱魂型の二種類に大別する。憑依型は外から人間の体の中に入った霊魂が、その人に取りついてしまったような型で、脱魂（英 ecstasy）型は逆に人間の中の霊魂が自分の体から外に飛びだしていってしまったような型である。憑依型はどちらかと言えば東アジアの宗教で多く見られ、脱魂型はどちらかと言えば西洋の宗教で多く見られるが、最近はこの二つの混合型も認められている。ここでは、憑依型のほうが当てはまる。

このような悪霊に取りつかれた人は、自分の意志に反して、荒野や地下、海の激流など死の危険にさらされるような状況に連れていかれる。この圧倒的な魔力の前には、狭い意味での合理的、理性（ロゴス）的、知性的な姿勢など、たちまち吹きとばされそうな勢いである。しかし、このような苦しい状況であるからこそ、それからの解放、悪魔払いが祈願される。密教の「真言」（マントラ）のように、祈りの言葉はそれ自体、実行力を伴った救済行為である。具体的には特に、聖なる名に訴えている。ここでの「名」はたんなる「記号」や「名ばかり」のものでは、ありえない。これは、むしろ「行為遂行的な（英 performative）言語」（オースティン[294]）なのである。

ここでは、様々な名前に訴えられているが、その最たるものは「エヒイェ・アシェル・エヒイェ」だろう。これは、『旧約聖書』の出エジプト記三章にある、神がモーセに唯一自ら明かした神名で、意味は「わたしは、『わたしはある』というものである」だ。ここだけ、原語へブライ語のままで使用している。この名の効力の重視は、へブライ宗教以来の伝統で、ユダヤ教やイスラム教にも引きつがれているが、ハラホト文書ではキリスト教独自の三一神（三位一体の神）の名を最も重視して訴えている。また、霊的存在者も悪い霊だけではなくよい霊の実在が前提とされ、次のように数多く列挙することで、祈禱の効力を増そうとしているかのように、その様々な天使の名にも訴えられている。

ガブリエルとミカエルと諸軍勢の御名によって、また諸王座の御名によって、諸勢力、ケルビム、セラフィムたち、諸原理、諸力、…、天使長たち、そしてすべての聖なる御使いたちの御名によって、その人が解放されますように。

ここでは、力の問題が大きな位置を占めている。いわば、呪力の強いほうが勝利するのである。脱魔術化した近代的世界観からは想像しにくいだろうが、この世界には霊的存在者があふれていることが前提となっている。その上で、悪しき霊的存在者どもとよき霊的存在者たちの軍勢が戦いを繰りひろげている場なのである。すでに第一章(3)で見たように、宇宙は垂直的に「天上世界」、「地上世界」、「地下世界」の三層構造で考えられていたが、その全体で繰りひろげられていた。悪しき霊どもと特に関連が深い場所が、山である。「悪霊どもは出ていき、病人たちは癒され、らい病の人々は清められた」という『新約聖書』の中にある世界観が、そのまま生きているような状況である。そして、その霊的戦いのすえ、その祈禱された人物は、束縛していた悪い諸霊の力から解放された。霊の側から見れば、それまで取りついていた、ある個人の中から追いだされたことになる。ここでの、救済とは悪魔払い(除霊)のことだったのである。

ただ、この悪魔払いはある特定の個人だけが対象になっているだけではない。集団単位、いや全宇宙規模でおこなわれる。また、実際に悪魔払いをおこなう悪魔払い師(英 exorcist)としてのカリスマ[295]は、使徒たちをはじめとする人間であるが、それをおこなっているのは陰で支えるキリストの力による。神人共働によっておこなわれているのである。人間の救済の根拠としては、キリストがすでに悪い諸霊と戦い、勝利したことがあげられている。その結果、悪霊どもは地下世界に落とされた。したがって、ここでのキリスト像(イメージ)も、「勝利者キリスト」(グスタフ・アウレン[296])モデルである。救済された人々は現在でも、三層からなる全宇宙規模でキリストを崇拝している。天上では天使をはじめとする霊的存在者たちが、地上では教会の人々が、そして地下では死してなお祈りによって生きている人々を助ける聖人たちがいる。これらの死者と生者、霊的存在者と体を持つ人間とが一緒になって、同一のキリストを崇拝しているのである。

このように現状でも、すでに救済がなされているのだが、それが三一神全体の働きによって完成するのは、終末である。将来、キリストの再臨によって魔術の究極的な悪魔払いがおこなわれ、悪霊に対する全面的な勝利がもたらされる。その結果、現在眠っている死者たちも実際に死に対して最終的に勝利して、復活する。そして、先述のトルコ語文書でも強調されていた最後の審判をへて、悪魔払いが全宇宙規模で完成する。

このような、前近代的世界観、救済観はすでに脱魔術化して、個人主義、心身二元論、合理主義、機械論的自然観など、西洋近代の多大な影響をこうむった西洋のキリスト教を含む現代の世界観とは、おおいに異なっている。それに対して、この北東アジアのシリア宗教は、宇宙的、全一的、超越的、力動的、現実関与的、霊的、対決的、終末論的傾向が強い。もちろん、基本的性格は中東のもともとのシリア宗教と変わらないが、対決相手として特に「魔術」が強調されているのは、シリア（メソポタミア）からシルクロードをへて中国周辺にいたるうちに、どこかの影響を受けたものと思われる。古代メソポタミア宗教[297]やソグド人[298]らのペルシア宗教（ゾロアスター教[299]）、マニ教[300]、トルコ宗教（シャーマニズム[301]）などである。

トルコ系を中心とするハラホト地方の人々は、少なくともこれが魔除けの護符であることからして、魔的な力の大きさを恐れていたからこそ、これを必要としたのだろうし、これを書いた人もこの人々のために、彼らの必要に応じて、与えたものと思われる。逆に言えば、このような前近代的な強い呪力、魔力の存在を前提として、現地のシャーマン（宗教的職能者）以上に、その霊的存在者どもにまさる力を持った宗教、神、救済を提供できない限り、北東アジアのトルコ人社会では受けいれられなかったのである。いわば、あい対する魔以上の「真の魔」をもって魔を制した。はるか遠方から来訪した「まれびと」が、その土地の精霊と対決し、追放する構図は、折口信夫による日本宗教理解とも共通している。ただ、シリア宗教による悪魔払いは現実世界ではじまってはいるものの、完成してはいない。まだ脱魔術化していないからこそ、悪魔払いを継続する必要があったのだ。現代の再魔術化しつつある宗教的状況の中で、この前近代の悪魔払いとしての救済の経験がどのような意味を持ちうるのか、まだまだ分からないが、次の（2）で見るような脱近代化の流れの中で、悪魔払いとしてのシリア宗教の救済の意義も、ただ無縁とはもはや言えないだろう。

（2）近代の自己と他者

現代の宗教的問題の一つに、自己肯定としての宗教的日本至上主義の問題がある。「多神教」は、「アニミズム[302]」と並んで日本宗教の特徴を表す場合に、よく用いられる。「多神教」は、「一神教」の優越を説くために一九世紀の西洋でラベリングされたものだが、この西洋中心主義は明らかに問題が大きい。今日の日本では、よく「一神教は不寛容なのに対して、多神教は寛容」といった具合に使われるが、これをただたんに裏返しにしているにすぎない。「アニミズム」の語用の問題は、すでに第三章（1）で扱ったが、「本覚思想[303]」も、本来の意味とは離れて自己肯定の道具として使われている場合、問題となる。「一切衆生《いっさいしゅじょう》、悉有仏性《しつうぶっしょう》」（生きとし生けるものすべてに仏性があって、悟る可能性がある）とする、本来の大乗仏教を大前提とする最澄[304]の天台宗の本覚思想を逆転して、「だれでも非宗教的な、自然状態のままでこそ、すでに救われている」とする「本覚」思想まで生みだされている。

さらには、西田幾多郎[305]の「絶対矛盾的自己同一」でさえ、もちろん難しい言葉だが、それを理解しようとせずに結局、その「絶対矛盾的」なしに、たんなる「自己同一」性の意味として解され、自己肯定の手段として利用されると、もはやお手上げである。逆に、西田の「絶対矛盾的自己同一」はむしろ、この（2）で扱う西洋近代の自己同一性の問題性を批判し、東洋の側からこの問題に対する一つの解答を与えたものとも言える。近代に再生した日本の自己同一性の問題については、すでに子安宣邦が「宣長問題[306]」として、初源にさかのぼって批判的に鋭い分析をしている。

最近では、外国人排斥運動に代表される、他者の排除の問題がある。もちろん、擬似宗教としての「ナショナリズム」（民族至上主義）は、日本だけの問題ではなく、ヒンドゥー至上主義や黒人至上主義、白人至上主義など、いくらでも存在する世界の共通問題である。ただ、近代において世界で最も中心的な役割を果たしたのが西洋（西欧）だったので、本書は西洋中心主義や近代至上主義を批判しているが、この「西洋」や「近代」を別のものに替えても、同じ問題が生じるのである。この場合、現代で最も猛威をふるったのが、他者を排除しようとする全体主義だろう。もちろん、一口に「全体主義」とは言っても、ナチズム（国家社会主義）のように、実際暴力をもって他者を圧殺しようとする場合だけではなく、「…至上主義」という、自分たちだけの立場を認め、それ以外のすべての立場の存在を認めない考え方のことである。ここでは、近代性とそれを生みだした西洋性の問題を中心に、この全体性を考察したい。

まず、現代における自己の根拠は、いったいどこにあるのだろうか。これは、この「わたし」が「わたし」である、ということはどうやって分かるのか、「別の個」とは区別される「この個」は、いったいだれが保証してくれるのか、という問題である。この自己同一性（アイデンティティー）の確保という「自己同一化」は、絶え間なき欲求であるとともに、完全には果たしえない幻想でもある。この反対概念が他者性、外部性で、ナショナリズムの問題は他者の他者性の確保の問題とも言える。これを普遍と特殊の関係で言えば、いくら自己の普遍性を主張して、それを拡張していったとしても、必ずなんらかの特殊が残り、それを完全に抹消して普遍化することはできない。それにもかかわらず、それを指向して実行していったのが、西欧近代である。

西欧普遍神話が崩壊し、かつて絶対視されていた近代性が相対化され、それを象徴する「科学主義[307]」の衰退で、

「近代性」という言葉につきまとっていた「合理性」という正の価値も、今や自明ではなくなりつつある（ミシェル・フーコー）[308]。もちろん、広い意味の「合理性」自体の価値は変わらないとしても、それは必ずしも西洋近代科学のものである必要はなく、東洋の「合理主義」のように、別の「合理性」も同じように存在する（中村元）[309]。むしろ、西洋のそれは、今日ではパトス排除の「ロゴス（理性）中心主義」の嫌疑をかけられ、負の意味合いを帯びてさえいる。すでに、京都学派の三木清[310]もこの問題に取り組み、ロゴスでもないパトス（感情）でもない、歴史的世界を動かす論理として、「構想力」（カント[311]）という両者をつなぐ第三の項を立てることで、この問題を克服しようと試みていた。

それでは、この近代性とはそもそも、どのようなもので、どうして自己の絶対性を主張したのだろうか。これについては、近代科学の基礎を築いた西洋近代哲学の祖、フランスのデカルト[312]から検討をはじめるべきだろう。まず、観察する主体としての自己が揺れ動いている限り、物事を客観的に観察することはできない。したがって、科学的明晰性の根拠としての確固たる自己が、是非とも必要だった。それこそが、彼の有名な「我思う、ゆえに我あり（羅 cogito ergo sum）」である。この一人称単数形で語った近代的自我が、同時に「他者」の道具化のはじまりでもあった。以下でも、この人称を使って分類、説明していきたい。

「他者」の道具化は、自分の身体からはじまった。「わたし」が存在する「心」こそが、主体としての「わたし」であるから、それ以外の自分（身体）は客体化された。心身二元論である。ここで、主体（自己）の側に含まれた無意識の前提要件が、「近代、西欧、白人、成人、男性、知識人、キリスト教徒、健常者の人間」などだった。いわゆる「真の人間」としての自分のことで、一人の人間の中でも、「頭脳」（心）、特に頭脳の中の「理性、知性」がそれに相当する。そうでないものが、客体（自己以外）で、「前近代、西欧外、有色人、子供、女性、無学の者、異教徒、障害者、自然」などが、モノとして対象化された。さらに、一人の人間の中でも、「体」、心の中の「感情、感性」は排除される。こうして確立された個人による観察で、主体から客体への一方的なまなざしが投げかけられるのであるから、その客体自体の自己考察は客観的でない、として排除される。こうして、西欧外である東洋の人々が自ら東洋のことを考察した場合よりも、西欧の研究者が東洋のことを考察したほうが「より客観的で、確からしい」、ということになる。これが、「オリエンタリズム」（エドワード・サイード[313]）である。

デカルトが自己の揺るぎない客観性、普遍性の根拠を確保したと考えたのは、事実だとしても、その考え自体は主観的、特殊的なものであって、自己意識と現実の自己とをはっきりと区別すべきである。実際は厳然として「ある」にもかかわらず、「ない」ものと思いこんでいるにすぎない場合、いつかは「ない」はずの存在からのなんらかの働きかけがあることになる。その自己完結性に「破れ」が起こったとき、いったいどうなるのだろうか。実際、「前近代、西欧外、有色人、子供、女性、無学の者、異教徒、障害者、自然」全体の集合のほうがどう考えても多数なのだから、一方的に「モノ化された」はずの、モノでないものがいつかは主体となって、「近代、西欧、白人、成人、男性、知識人、キリスト教徒、健常者の人間」という特殊に逆襲してくるはずである。

もちろん、このような矛盾、問題に対して、西洋近代内部でも、解決が試みられるようになった。その一つが、フッサール[314]の現象学の間主観性である。「わたし」という一人称単数の不備を克服するために、「我・我」（一人称複数）としての共同体が考案された。同一の対象に対して、たった一つの視線が向けられるよりも、それが多い方がより様々な点が観察できる、とされた。それぞれの観察結果を持ちよって照らしあわせれば、個人でそれをおこなうよりも、より豊かな他者像が形成できる、と考えられる。しかし、確かに個人主義的すぎる問題点はだいぶ緩和されたかもしれないが、客体に視線を注ぐ同一線上の「わたし」が複数化されただけで、根本的な構図はなんら変わっていない。これは「鏡像的な同一性」であって、いわば水平思考と言うことができる。

このように、フッサールの現象学では一人称性（人間）の問題そのものは克服されていなかったので、新たに人間に対する他者（三人称性）を導入する方法が試みられた。二〇世紀最大の哲学者の一人ハイデッガー[315]は、人間を「現存在（独 Dasein）」、「世界内存在」と規定し、人間が発見する限りにおいて、世界は世界になる、とした。そして、「存在者」を「存在」の現れとして、存在論的差違を設けることで、「存在者」としての人間に対して、「存在」を強調した。この「存在」とは、根拠であると同時に深淵であり、彼が影響を受けた古代ギリシア哲学の、非人格的な「万物の根源」（希 アルケー）に近い。これは、いわば三人称性を導入することで、一人称性の問題の解消をはかったものである。ただ、ハイデッガーの「存在」は、結局はドイツ語の“es gibt”（ある／存在する）の“es”（それ）のように、代名詞で言えば非人称（無人称）の「それ」（中性単数）とよべる「もの」、「こと」である。このような非人格的な考え方は、無記性、無性を特徴とする、無機的三人称の立場と言える。

さて、モノ化したはずの、他者からの逆襲の不安にかられるときの、一つの解決方法は、それでもすべては自我の中に「ある」のであって、その外には「ない」と思うことである。これを独我論に陥っている、という。エマニュエル・レヴィナス[316]によれば、ヘーゲル[317]哲学を典型とする西洋哲学は、おしなべてこの他者を自我の中に取りこんで、自己同一化をはかったものである。宗教で言えば、他者と自我の区別の消滅という点で、神秘主義[318]に近い。多くの神秘家たちは、現世にても神とあいまみゆること（至福直観）、そして神人の神秘的合一を目指し、その結果、自我と他者（神）の差違が消えて、無化するほど融合することを最高の理想状態とした。このとき、絶対に自我の中に取りこむことが不可能なはずの神が、自我と同一になってしまっている。

もちろん、この場合でも自己完結的であり、自己中心主義（エゴイズム）として十分問題が大きいのだが、もう一つはさらに大きな問題になる。それは、実際に「ない」ようにしてしまうことである。思うだけではなく、行動してしまった場合が、他者をなきものにすること（抹殺）である。したがって、ナチズムが「我・我」ではない「他者」としてのユダヤ人に対してこれを実行したとき、西欧近代であるにもかかわらず大虐殺が起こったのではなく、西欧近代だからこそ起こった帰結だったのである。いくらドイツ全体を「われわれ」ナチズムだけで塗りつぶそうとしても、必ずそうではないもの（マイノリティー）が残る。完全にナチズムと同化することはできない。完全性、全体性は、人間がこの世界で様々な制約を持つ存在である限り、常に見果てぬ夢に留まるのである。それで、不安にかられる。

ここから、西欧近代そのものが持つ根本的な問題が注目された。ハイデッガーの弟子であり、愛人だったハンナ・アーレント[319]はユダヤ人で女性政治学者として、ナチズムに加担したハイデッガー[320]自身の問題（ハイデッガー問題）だけに留まらず、悪の凡庸さをはじめとする全体主義の問題をドイツだけではなく西洋近代共通の、人間の複数性を抹消する問題として、徹底的にあばきだした。ただ批判するだけに留まらず、たんなるモノとしてではなく、主体としての人間相互の自由な連帯としての共同体を積極的に提唱している。これは、有機的な存在としての有機的三人称の立場と言える。

しかし、この西洋の「全体性」そのものの問題を、最も掘りさげて考察したのは、やはり家族が強制収容所で虐殺され、自身もナチス・ドイツの捕虜収容所より生還した、レヴィナス[321]だろう。もちろん現代では、前述のフッサール[322]から現代哲学の代表者の一人である、ヴィトゲンシュタイン[323]にいたるまで、多くのユダヤ人思想家が存在するが、必ずしも宗教的ではなく、ユダヤ教的という意味でも、レヴィナスがその代表者の一人と言える。彼はドイツの、同じくユダヤ教的な現代思想の先駆者、ローゼンツヴァイク[324]の『救済の星』に天啓的に散りばめられた、全体性の問題、無限性や還元不可能性、他者の顔、固有名の特別な価値などについての思想をフランス語で展開した。彼は現象学者だったが、同時にそれ以上に本質的にはユダヤ教的思想家だったので、フッサールやハイデッガーの現象学を、内側から徹底的に批判しえた。特に、イスラム教とともに、「一神教」の純粋形態としてのユダヤ教の神についての、現代思想上の意義の考察が参考になる。また、これまで考察してきたように、シリア宗教もこの最も重要な点を含めて、基本的にユダヤ教、イスラム教と軌を一にしているからである。

この「一神教」と「多神教」の問題については、第三章（4）で考察したが、もちろん、一神教においても、神以外にも天使や神の属性、聖地、聖者をはじめとする諸々の聖なるものなど、神と人間の間に様々な存在者が認められており、多神教においても、最高神が一神だったりと、その他の「神々」との相違は様々である。一般に「多神教」と言われている日本宗教でも、その原始的形態では、「一神教」のように一つの高神（至上神）が共通して認められており、その他の諸々の神々は来訪神として特定の場所、特定の役割限定の「神」なので、「一神教」の意味での「神」ではない（五八頁参照）。そうすると、むしろ「神」という日本語の名称の問題が大きいわけだし、その中身や質を考慮に入れないで、ただたんに数だけの問題とすれば、数え方しだいでいくらでも変更しうる、相対的な問題になる。いずれにせよ、普通考えられているよりも、「一神教」と「多神教」の間の差は絶対的なものではなく、相対的なものだと言える。

したがって、たんに神の数が「一」というよりも、その「唯一者」の特徴、中身まで考察したほうがよいと思われる。レヴィナスは、絶対に他のものに還元されえない、絶対他者としての神を含む他者の他者性を強調した。具体的には、他者の顔、特にその「まなざし」と出会うことによって、無限や超越を経験する。アウシュヴィッツで、今まさに殺されようとしている人から殺人者に向けられた、むきだしの顔、まなざしは、その人が死んだあとも、殺人者の脳裏から消えるものではない。他者の他者性を示し続ける。殺人でさえも、他者の他者性に対する殺人者の自己同一化の勝利を意味するのではなく、その敗北を意味する。他者の顔は、他者の顔として認めることはできるが、自分のものとしてとらえることは不可能だからである。他者性を指し示すもう一つのものは固有名で、名前はその人に固有のもので、他の言葉とは違って、別の概念の中に吸収、抹消されることができない。他の言葉は普遍語で、その人だけではなく別のものと共有されているものだが、固有名はたとえその名前の持ち主が死んでも、そのまま残り、記念碑などに銘記されて、その人を指示し続けるのである。このような他者性の主張はユダヤ教的であるが、その他にも口述言語（仏 parole）に対する書記言語（仏 écriture）の優位も、そうである。西洋は古代ギリシア以来、伝統的に口述言語を重視してきたことに対して、ユダヤ教は教典『トーラー』(325)を中心とする教典宗教として、最初から書記言語を重視してきた。

そして、レヴィナスは政治的全体主義も存在論的全体主義に由来するとして、西洋哲学の中心だった存在論に代えて、倫理学を第一哲学の位置にすえた（『存在するとは別の仕方で』）。ハイデッガー哲学の中心にある、抽象的で非人称的な「存在」ではなく、具体的な人間と人間の相互関係の「倫理」を重視したのである。その中で、自己と他者との関係が問われる。この点では、日本の倫理学者、和辻哲郎[326]の「間柄」と同様であるが、レヴィナスの場合は、主著の題名の『全体性と無限』（仏 *Totalité et infini*）の関係で言えば、いくら自己の全体性を確立しようとして、他者の他者性を解消しようとしても、別の何かに還元不可能なものが、どこまでも無限に残る。現代において「神」はそう簡単に感じられない、遠いものだが、この「無限」において、他者としての「神」の痕跡を見る。自分にとっての「他者」の他者性が十分に尊重され、感じられれば、そのすえに「神」の痕跡も感じられる。「神」こそが、自己にとって最も他者的な他者、絶対他者だからである。神そのものは世界にとっての他者であるから、最大の謎であり続けるが、その痕跡は人間、世界の中にたくさんある。他者の数だけ、他者の他者性の数だけ際限なくある。そのためにも、他者の他者性を尊重すべきである。レヴィナス自身、この「わたし」による直接経験を無限に拒み、どこまでも「わたし」を超越する他者性を「彼性（仏 Illeité）」という術語でよんでいるが、これは水平思考ではなく、垂直思考であり、有機的三人称の立場である。

それでは、自己のアイデンティティーの問題はどうなったのだろうか。結論としては、他者（Bさん）にとっては自己（Aさん）が他者なのであるから、「他者（Bさん）の他者」としての自己（Aさん）を確保すればよいことになる。いくら自己（Aさん）だけで、自己（Aさん）に向かっても、それは真の自己（Aさん）かどうか分からないし、なんの保証もない。しかし、他者（Bさん）が「自己（Bさん）の他者」として自己（Aさん）を認めてくれるならば、それはAさんの他者性が確保されていることになる。自己意識の程度は、他者意識の程度だからである。このようにして、相互に「他者の他者としての自己」が確保されればされるほど、AさんとBさんの「他者の他者としての自己」どうしの関係が確立される（有機的三人称複数）。かくして、有機的三人称どうしの関係によって、自己が確立されていくのであるから、最終的には再び一人称に戻ることになる。ただ、同じ一人称でも、最初の自己自身による自己肯定ではなく、今回は他者の他者として、自己批判をへた自己であるから、まったく別の一人称である。このような意味の再びの一人称単数どうしだけが、「他者の他者」の共同体としての一人称複数をも形成しうる。

　人称の最後に、まだ触れていなかった二人称であるが、自己否定をへていない自己「我」（わたし）にとっての二人称「汝」（君）であれば、もちろん問題があるが、三人称をへた再びの一人称「わたし」にとっての「君」であれば、「我と汝（わたしと君）」（マルティン・ブーバー[327]）の相互関係が確立されて、問題がないのである。ブーバーの有名な『我と汝（独 *Ich und Du*）』は、「我とそれ」という三人称単数との関係を批判しているが、この場合の「それ」とは、無機的三人称に当たるのであって有機的三人称ではない。確かに『我と汝』では、「我」と「汝」の他者性が徹底されていないかもしれないが、これが批判されなければならないのは、この「他者の他者」性をへていない「我」と「他者の他者」性をへていない「汝」が直接的にあい対して、親密な関係で結ばれると解する限りにおいてである。しかも、この「我・汝」関係が人・人関係ならまだしも、神・人関係にも適用された場合、神秘主義のようになってしまう。もちろん、神秘主義自体はよいのだが、この場合は、ショーレム[328]が理解したユダヤ神秘主義のような、神人が決して神秘的合一をしない、他者の他者性を尊重した神秘主義である必要がある。むしろ、「他者の他者としての自己」として、はじめて自己完結的な独話（モノローグ）に代えて、本当の対話的関係（ダイアローグ）が成立しえる。ブーバーの盟友のローゼンツヴァイク[329]が語っているように、

　〈私〉は、〈君〉をみずからの外部にあるなにかとして承認することによってはじめて、つまり、モノローグからほんとうの対話《ダイアローグ》へと移行することによってはじめて、…〈私〉となるのである（『救済の星』第二巻）。

ローゼンツヴァイクは、この「〈私〉と〈君〉」を人・神関係として語っている。

これは、宗教的に言えば、自己の超越と他者の内在の関係の問題に直結する。自己肯定だけの「人間」（内在的内在者）だけでは十分ではないように、神も人間の他者のように、自己にとって絶対他者なのであるから、自己肯定だけの「神」（超越的超越者）だけでは十分ではなく、「他者の他者としての自己」どうしの関係がなければならない。もちろん、この場合の「他者」としての人間は、「絶対他者」である神によって「他者」として認められることを前提としている。同様に、逆に自己否定だけの「神」（非超越的超越者）、自己否定だけの「人間」（非内在的内在者）も、もちろん不十分である。「他者の他者としての自己」どうしの関係というのは、「人間の他者としての神」と「神の他者としての人間」との関係になる。つまり、これは「人間をへた神」と「神をへた人間」である。「超越者」も「内在者」も、それぞれ単独では他者の他者として根拠づけられていないので、まだ確立されていないが、「人間をへた神」と「神をへた人間」であれば、確立されていることになる。これを「内在的超越者」と「超越的内在者」とよぶ。現代において宗教が超越者を語る場合は、もはやたんなる超越者ではなく、このような内在者をへた超越者である必要があるのではないか。同様に、内在者の場合もたんなる内在者ではなく、超越者をへた内在者である必要があるのではないだろうか。こうして、はじめて神と人間の「非連続の連続」（西田幾多郎[330]）、「即非」（鈴木大拙[331]）が成立しうる。こうしなければ、そもそも非連続は非連続ではないし、連続も連続ではないからである。このように、本来は互いに対応しえないのが、絶対（神）と相対（人間）であるから、その二者の間が「絶対矛盾的」に対応していることを「逆対応」（西田幾多郎）という。

最後に、第三章（5）で扱った異なる宗教間の関係も、人間どうしの関係と類比的に考えられるだろう。つまり、「自己」が確立されていない宗教どうしの関係だと、他者と自己の境界があいまいな「宗教混淆主義」になりやすいだろう。「他者」としての他宗教と「自己」との関係を認めない宗教の場合は、「排他主義」になる。どちらかがどちらかを「他者」として認めず、「自己」の中に取りこみうるものだと見なしてしまえば、「包括主義」になるだろう。他宗教の他者性を認めることで、他者の他者としての自己が確立されるのであるから、その自己を確立した宗教どうしが関係を結んでいくことができる。これは複数の宗教の存在が認められるという意味で「複数主義」であり、原理が一つだけではなく多数あるとする意味での「多元主義」でもあるが、必ずしも一元論としての「宗教多元主義（英 pluralism）」ではない。これは、いわば神・神関係も人・人関係との類比で考えたことになる。だとすれば、右で人・神関係が人・人関係との類比で考えられたように、いわば神・神関係も人・神関係の類比で考えられるかもしれない。つまり、前述のように、もしたんなる内在者としての人間とたんなる超越者としての神との直接的関係が成立しえず、「超越的内在者」と「内在的超越者」だけが相互関係を結びうるとすれば、自然宗教などの内在宗教と超越宗教との関係も、内在者と超越者との関係と類比的に考えられるかもしれない。つまり、人・神関係においてさえ、「非連続の連続」が成り立つならば、なおのこと、神・神関係ではそれが成り立つと考えられる。超越的内在宗教と内在的超越宗教との関係が「非連続の連続」になりうる、ということである。

（3）現代思想における宗教の意義

最後に、現代世界思想におけるアブラハム宗教の意義を考えてみることにする。古代に成立した宗教には、歴史的意義しかないのだろうか。現代社会に対して貢献しうる価値はないのだろうか。しかも、ただたんに現代において利用可能なものというだけではなく、宗教自身にとっても本質的で有意義なものであるのが望ましいだろう。昨今は、フランス思想のいわゆる「神学的転回」（宗教的転回）以降、アガンベン[332]らのイタリア思想に代表される、現代思想の「再聖化」（再宗教化[333]）傾向が取りざたされている。歴史上は、イスラム世界の思想が世界全

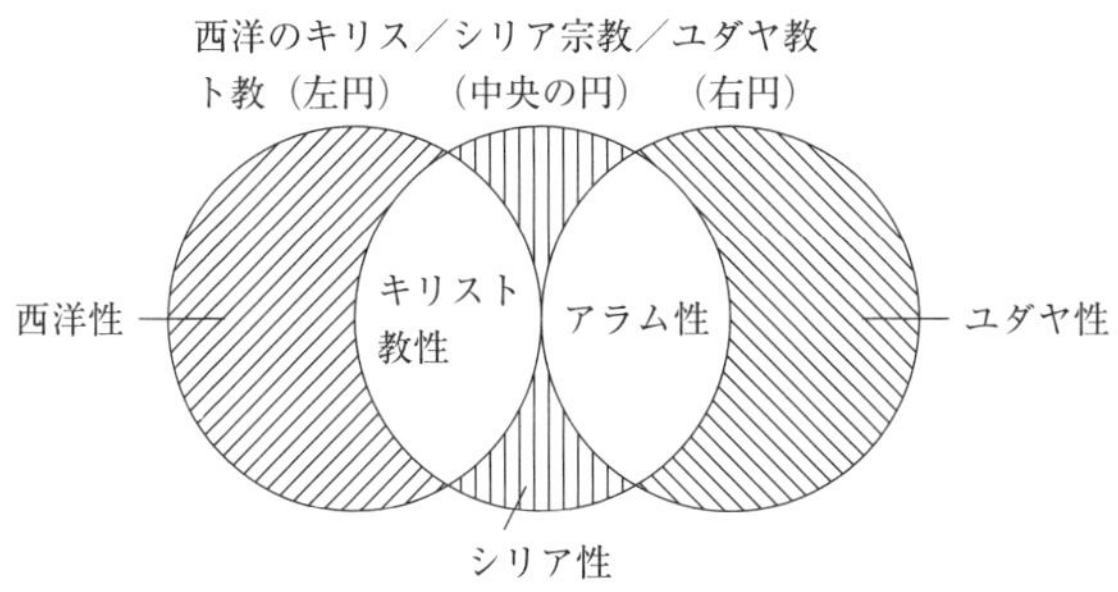

西洋のキリスト教・シリア宗教・ユダヤ教の相関図

体に対して寄与したところが大きかったが、その中世の学問上の優位性、普遍性、影響力に比べると、最近再びそれが高まりつつあるとはいえ、近代以降近年までに限定すると、現代思想への貢献という点では、イスラム教はまだまだこれからだろう。西洋のキリスト教は、長らく西洋の支配的宗教だったため、現代にいたるまで大きな影響を与えてきた。しかし、思想的にはギリシア哲学を援用してきたため、アブラハム宗教の要素としての貢献はさほど大きく見えないきらいがある。また、たとえ実際は比較的大きかったとしても、キリスト教思想として、ひとくくりになっているため、中心的な役割を果たしたギリシア哲学の影響からアブラハム宗教の共通要素を峻別するのは、かなり困難である。その点、レヴィナス[334]をはじめとするユダヤ教的思想の、現代世界思想に対する貢献はめざましいものがある。ただ、そのどの部分がユダヤ教独自の思想で、どの部分がアブラハム宗教共通のものかを峻別するのは、やはり難しかった。

この点でも、西洋のキリスト教とユダヤ教との間に位置するシリア宗教が、両者の媒介として果たしうる役割は大きい。思惟方法に関しても、西洋のキリスト教とシリア宗教が共有して、ユダヤ教が共有しないものをすぐれてキリスト教的な「汎キリスト教的方法」、ユダヤ教とシリア宗教が共有して、西洋のキリスト教が共有しないものをすぐれてアラム宗教的な「汎アラム的方法」と見なしうるのである。ひるがえって、西洋のキリスト教に関しても「汎キリスト教的方法」以外の方法は、キリスト教にとって本質的なものではなく、西洋由来の方法で、ユダヤ教に関しても「汎アラム的方法」以外の方法は、他宗教と共有しえないユダヤ教独自の方法ということになるだろう。こうして、シリア宗教を媒介として「西洋性」、「キリスト教性」、「アラム性」、「ユダヤ性」のなんたるかがあぶり出されうるのだが（前頁の図を参照）、「西洋性」と「ユダヤ性」については、すでに他の箇所で何度も扱ったので、ここでは扱わない。

　アブラハム宗教に共通する重要な特徴は、教典（聖典）を重視する教典宗教ということがあるが、三宗教に共通の教典は『旧約聖書』だけである。しかし、その理解、解釈の仕方に大きな独自性を発揮している。たとえば、同じシェバ（シバ）の女王とソロモン王との逸話（列王記上一〇章）でも、三宗教でそれぞれまったく別々の特徴的理解がなされている。その解釈原理、解釈に関する考え方を扱うのが解釈学であるが、解釈学の違いが、各宗教の思想構造を特徴づけるものと考えられる。東洋でも、中国の儒教の訓古学、日本の国学の注釈学など、同じように重要である。また、現代思想の観点からも、解釈学は重要な位置を占めている。

　終章（2）で詳しく扱ったように、主観と客観との二元論に基づく、西洋近代科学の客観性神話が崩壊した現在、その影響下で成立した宗教学の「客観性」も、その例外ではない。少し以前までは自明とされていた近代的、科学的方法がまさに近代の産物にすぎず、特定の地域「西欧」的偏り、時代的制約の下にあることが現在知られており、近代的解釈も「本当の、正しい意味への呪縛」という点で相当偏っていることが、今では判明している。そもそもまったく「主観」を交えない解釈はありえないとしても、近代的解釈学が批判してきた前近代的解釈学の「恣意的解釈」、「教義的解釈」にただ後退せずに、しかも近代的解釈学の「客観的解釈」を克服する道はありえないのだろうか。

　現代では、それに代わる支配的な方法はなく、様々な研究方法が乱立する多元的状況を形成しているが、そこには非宗教的な人々を含むユダヤ系の学者が考案したものが、すでに多数含まれている。古くはスピノザ[335]の批判的方法からはじまって、マルクス[336]のマルクス主義からフッサール[337]の現象学、フロイト[338]やラカン[339]の精神分析、ベンヤミン[340]のアレゴリー、レヴィ＝ストロース[341]の構造主義、クリステヴァ[342]の間テクスト性、デリダ[343]の脱構築まで、ユダヤ教からの潜在的影響が強い場合と弱い場合とがあるが、伝統的西欧の知に対する否定やまったく別の可能性を提示している点が共通している。ポスト・コロニアリズム的解釈もユダヤ人ではないが、パレスチナのアラブ人サイード[344]が西洋近代の知を糾弾した、「オリエンタリズム」批判によっている。宗教を研究する場合にも、何も西洋や非宗教限定で、そこから研究方法を考案する必要もないのではないか。古来の宗教そのものが持っていた思惟構造から、現代の研究方法（解釈学）を学ぶことも可能ではないか。

というのも、古代ではテクストの世界と読者の世界との差異の大きさを前提とした場合、古典が「古典」（希カノーン）なるがゆえに、それをただ捨ててしまうことができない場合、形としてはそのまま残して、解釈で中身を変えてしまおうとする選択肢があった。その西洋最古の解釈学が古代ギリシアの寓意的解釈[345]であった。類似したものは現代にもあり、有名なものにはブルトマン[346]の非神話論化（独 Entmythologisierung）による実存的解釈がある。一見、現代の読者には無意味、無価値のように見える聖書も、その古代人の世界観による表現（神話論）を現代人の世界観による表現に合わせて変えてみるだけで、現代人にも十分に分かる、意味深いものになる。これが、実存的解釈である。また、ボブ・マーリィをはじめとするレゲエ音楽で有名になった、二〇世紀ジャマイカで起こった「ラスタファリ運動（英 Rastafari movement）[347]」も、白人の宗教の教典である同じ聖書に黒人至上主義的観点から独自の解釈をほどこして、自分たちの教典として読もうとしている。たとえば、聖書の中の言葉「バビロン」は「ジャマイカ＝白人による奴隷の地」の意味になるし、「シオン」（エルサレム）は、黒人にとっての約束の地「アフリカのエチオピア」という意味、預言された「救世主メシア」（キリスト）は「エチオピア皇帝ハイレ・セラシエ」に、「出エジプト」は「白人支配からの脱出」になる。

このような解釈方法としてまず、すぐれてキリスト教的な思想として、予型論を扱う。次に、ユダヤ教を特徴づける思考法として並行法を取りあげる。この二つは、通時性と共時性との関係、歴史と世界との関係にある。

古代のキリスト教の場合、そもそもユダヤ人の読者に向けて数百年も前に書かれた『旧約聖書』をユダヤ人以外の人々からなるキリスト教徒の教典としてそのまま読むわけにはいかなかった。ユダヤ教になってしまうからである。それで、たんなる字義的解釈に留まることはできないので、古代で主流だった寓意的解釈の問題点を克服し、第三の道を模索して、『新約聖書』のパウロ[348]の解釈を元にして整えられたのが、アンティオキア学派に代表される「予型論的解釈（英 typological interpretation）」である。

「（予）型」（希 テュポス／英 type）とは、事物による予言のことである。予言が将来起こることをあらかじめ言葉で示すことであるのに対して、予型は将来起こることをあらかじめ事物で表すことである。具体的には、『新約聖書』に書かれてあるようなキリストに関する様々な事柄は、すでに『旧約聖書』の中の言葉で予言されていたばかりではなく、そこに登場する、似たような人物や事物などでも予言されていた、と解釈するのが予型論的解釈である。したがって、あくまでも『旧約聖書』に対する『新約聖書』の優位が前提にされているため、時間的な差異が強調される。人類の歴史を神による漸進的な教育過程ととらえて、旧約の時代を初歩の段階、新約の時代を成熟した段階と取る。

予型論的解釈は、一言で言えば著者優位の解釈である。寓意的解釈のような解釈は、著者を見くびっている。著者は昔の直接の読者には、昔の読者のレベルに合わせて、我々にとっては「稚拙なこと」を語らざるをえなかったが、同時に今の読者のレベルに合った高度なことも語っていた（二種類の読者への二種類の語り）。したがって、今の読者が新たに努力して解釈をでっち上げる必要などまったくない。すでに著者自身が、どの部分が昔の読者に向けた語りで、どの部分が今の読者に向けた語りかを明白に示している。それに、字義的解釈は今の時代にしか分からないことを見失っている。昔の読者には分からなかったことでも、今の読者には容易に分かる。それは、テクストが書かれたあとに様々なことが起こり、昔には妥当しなかったことがその後の歴史ではぴったりと妥当することが、多くあるからである。今の時代に起こったことを念頭に置いて、その著者の意図を注意してたどるだけで、おのずから正しい理解へと到達できる。したがって、キリスト教共同体内のだれが見ても、共有可能なはずの解釈である。つまり、「予型論的解釈」はシリア宗教が西洋のキリスト教と共有する「汎キリスト教的解釈」であり、逆に「汎キリスト教的解釈」の最たるものが、「予型論的解釈」なのである。

ニシビスのエフライム『創世記注解』で、典型的な例としては、創世記四八章一四節のヤコブが両手を交差して年少のエフライムを祝福したことが、十字架の「予型」としてあげられる。また、十字架の木と犠牲の羊の組み合わせとしては、創世記二二章の解釈があげられる。これは、ユダヤ教でも「アケダー」とよばれる重要テクストで、すでに古代からはじまって、近代のデンマークの思想家キェルケゴール[349]をへて、最近ではフランスのジャック・デリダ[350]、日本の長谷川三千子[351]にいたるまで、二千年以上にわたって、狭い意味での「宗教」の枠を超えて、様々な独創的解釈が試みられ続けている。そのうち、キリスト教では古代以来、ここで犠牲として捧げられた「雄羊」と多くの類似点があるので、明らかに『新約聖書』のキリストの「予型」である、とされた。というのは、アブラハム[352]は神の「予型」で、その子イサクは本来罪人である人類の「予型」とされ、その本来殺されるはずだったイサクの身代わりとなって、実際に殺されたのが「雄羊」だったからである。十字架以外のキリスト（メシア）論的解釈としては、ベテルの岩に注がれた油も、メシア（油注がれた者）を指す、とされる。

これらの予型はすべて、キリストの来臨によって成就した、とされる。これは、一つの真実の事物と別の擬似の事物との二者関係である。たとえば、『新約聖書』でエルサレム入城のキリストを乗せたロバの子とそれを結んでいたぶどうの木が本物で、創世記四九章一一節のロバの子とぶどうの木はその擬似物である。先行の事物が後来の事物によって完成される。両者はここで一対一対応の、不可逆的関係にある。つまり、『新約聖書』と『旧約聖書』とで、優劣関係、上下関係がしっかりと決まっている一方向的関係である。

他にも、教会や終末など、キリスト以外の「予型」も存在するが、『旧約聖書』の読者にとっては、それらの半分の意味しか分かっていなかったが、『新約聖書』の読者にとっては完全な意味が分かる。寓意的解釈は、普遍的で、いわば無時間的「真理」を主張していたが、予型論的解釈ははじめてそれに歴史的観点を導入し、昔と今とで、二重の「真理」を主張したのである。一つの「雄羊」にも同時に二つの意味がある。通常の「雄羊」と神の「雄羊」（キリスト）である。このように、予型論的解釈は著者の視点を重視することで、字義的解釈の狭隘性、閉塞性、堅さを打破しつつも、寓意的解釈の恣意性を制限した。

歴史上の予型論的解釈は、寓意的解釈とともに後に西欧ラテン語世界にも受けいれられ、アウグスティヌス[353]によって現存する最古の解釈学の著作『キリスト教の教え（羅 *De doctrina christiana*）』にまとめられた。この二つの折衷が主流となって、中世ヨーロッパの解釈学を千年以上もの間支配することになるのである。歴史とともに開示される聖書の意味理解の一環としては、現代の狭い意味での「解釈学」の代表者ガダマー[354]の「影響作用史」と類似している。だれにでも共通する、普遍的「事実」の強制という幻想を捨てて、時代や地域などの限定性を受けいれ、その範囲での限定的「真理」を追求する。アブラハム宗教のように、歴史的に影響関係にある宗教の研究については、この影響作用史という方法が有効だと思われる。これは、いわば縦の関係を重んじる立場である。

シリア宗教は、ギリシア哲学由来の寓意的解釈を西洋のキリスト教と共有していないが、この予型論的解釈のほうは共有している。ただ、主たる解釈方法ではなく、むしろ並行法とよばれる、発見法的方法を本領としていた。たとえば、ニシビスのエフライム[355]の『創世記注解』では、『旧約聖書』の創世記でアブラハムの妻サラがエジプトのファラオの家に連れていかれたときの出来事とエジプトのイスラエル人の出エジプトとが重ねあわせられている。エフライムは「彼女（サラ）がエジプトの王国を愛さなかったように、彼ら（イスラエル人）もエジプトの偶像、ニンニク、玉ネギを愛さないようになる。また、ファラオの一家全体が彼女の救出に心打たれたように、エジプト全体が彼女の子孫たちの救出に心打たれる」と述べる。表現上は、サラが彼女の子孫のイスラエル人たちの「象徴」となっているが、これは「予型」ではない。なぜならば、新約関連でもキリスト関連でもないからだ。いわば旧約内の二つの対等の事物間のパラレル（並行）である。キリスト教の予型論的解釈が新約と旧約の上下関係による「縦の連関」だとすれば、こちらは創世記と出エジプト記の、いわば並行関係による「横の連関」である。

このような、ヘブライ・ユダヤ的伝統の並行法（英 parallelism）的読みとでも言うべき解釈は、他にも多く見いだされる。たとえば、古代ヘブライ人がエジプトを脱出したときの、モーセの杖による海の分離とエジプト人の破壊と彼らが「約束の地」に入ったときの、「カナン人の破壊」が「横の連関」である。また、後来の族長シメオンとレビが創世記三章のサタンと死の予型とするのは、もちろん無理があるので、これも並行法的読みである（一〇二頁の図「アブラハム宗教におけるアブラハム関係の家系図」参照）。あるいは、シメオン、レビとシェケムの子ら殺害との関係が、サタンと世界の殺害との関係と並行している、とされる。あるいは、ヤコブの長子ルベンと人類全体の長子のアダムが、並行関係にある、という。ただ、両者は類似しているだけではなく、対照的な面もある。ルベン単独では、ことさらアダムに似ていないはずだが、ルベンが呪われてモーセが取り消したような二者関係と、アダムが呪われてキリストが取り消したような二者関係を並べてみると、この関係同士は確かに似ている。このように、並行関係の発見対象を旧約内だけではなく、キリスト教の新約にまで拡張したところに、エフライムが代表するシリア宗教の特徴がある。

創世記四九章の「ヤコブの祝福」解釈では、他の十二部族長たち[356]に関する発見法的読みもおこなわれるが、その二七節でベニヤミンとパウロ[357]も関係づけられ、ベニヤミンと狼との同定関係が、使徒パウロと悪魔から人間の魂を奪回した者との同定関係と並行する、という。ここまで自由すぎる発想にかんがみて、明らかにこれは二七節の正しい「霊的」意味として語っているのではないので、寓意的解釈ではない。また、もちろん著者に意図された唯一の意味、と言われているのでもない。むしろ、エフライムにとってはそう思える、彼自身はそう語りたい「主観的解釈」（主体的解釈）である。発見法的読みには解釈可能性が無数にあるので、エフライムがおそらくはじめて指摘した解釈も多く、オリジナリティーに富む。その発見対象は、エフライムというある特定の個性が接点に気づかなければ、おそらく組み合わされることがなかった、二つの関係の並行関係なのである。読者の役割は、当該聖書箇所にある関係に、すでに存在している無数の関係の中の別の一つの関係を対置してみることである。

まず、発見された側に注目してみると、この並行する二つは直接的影響関係や必然的な関係にあるのではなく、本来「他人どうし」なので、別の何かによって代替可能である。しかし、それは何でもよいのかと言えば、そうではない。寓意的解釈の場合とは異なり、個物対個物の対応ではなく、二者以上の個物どうしの関係対他の個物どうしの関係、という関係対関係の対応なので、両者間には最低二点以上の接点、類似点がなければならない。逆に、あくまで似ている点があるだけなので、二つの関係相互の「横の連関」という緩いメタ関係はあるものの、絶対的一致はありえないし、むしろ対照的な部分を含む場合もあるので、類似の度合いも様々である。読者が媒介して、あい異なるテクストをつなげている点で、「間テクスト的解釈」であるとも言える。

次に、読者の視点から見ると、たとえばサタン（悪魔）論それ自体は、他の読者と共有しているかもしれないが、今『旧約聖書』の創世記四九章六節を読んでいて、サタンを連想できるかどうかは、別の問題である。エフライム自身はサタンを連想したが、他の読者は連想しなくともよい。同一の箇所を読んでも、他の読者はまったく別のものを連想するかもしれない。したがって、この個人の創造的・想像的解釈は多かれ少なかれ独自のものであるから、予型論的解釈のようにすでに到達した普遍的「真理」として他の解釈者に強要できないし、同時に他の解釈も認めなければならない。この意味では、この発見法的読みは「読者中心的解釈」であるとも言える。これは、いわば横の関係を重んじる立場と言えよう。他方で、発見法的読みは一見、何の根拠もないものに見えるかもしれないが、ただの恣意的解釈ではない。事実を徹底的に調べた上で、それに基づいて発見したメタ関係を語っているからだ。その意味で、この読みは自由な解釈であると同時に、並行関係の参照元となる当該箇所がなければ成立しえないので、そのテクスト固有の解釈でもある、と言える。

これは、いわば、ほとんどが未発見のまま存在している「客観的」連関を今また、自分の解釈として「主観的」（主体的）に発見していく過程である。したがって、完全に「客観的」な解釈もなければ、完全に「主観的」な解釈もない、と言えよう。並行法という発見法的読みの最大の特徴は、原著者が元来意図した「特定の正しい」意味が存在し、それに「客観的」に到達することを旨とする近代的解釈学の枠組みを超えて、当該テクスト内の関係と無数のテクスト外の関係相互のメタ関係を主体的に発見していくことを目指すところにある。さらに、現代において諸宗教を研究するさいにも、直接的な影響関係にはないが、内容的に連関している宗教間を対比する場合、威力を発揮するものと思われる。

以上で考察してきたように、通時的・歴史的な予型論は『新約聖書』のパウロ由来の、すぐれてキリスト教的な解釈学であり、西洋の思想として現在まで多くの影響を及ぼしてきた。『旧約聖書』と『新約聖書』の二重の「真理」を主張しつつも、結局は後来の『新約聖書』を上位に置き、再解釈の基点となる絶対時間をそこに固定して、その光の下で『旧約聖書』を解釈し直すものであった。この点では、先行する『旧約聖書』と『新約聖書』を神の啓典と認めながら、ムハンマドを最後の預言者として、その観点からそれらの啓典を再解釈したイスラム教の『クルアーン』と同じである。それに対して、共時的・世界的な並行法はユダヤ的な解釈学として、古代から存在してきたが、現在ではユダヤ教の狭い枠を超えて、広く現代文学理論や思想に大きな影響力を持つにいたった。ユダヤ教では、『トーラー』[358]を中心とするヘブライ語聖書『タナハ』（『旧約聖書』と同じ）のテクスト自体は、すでに古代に固定されたが、その後もその解釈は無限に続けられる。聖書の中のたった一つの言葉にも「七十の顔がある」ので、どんなに優れたラビでも、一人で絶対的に正しい、完全で十分な、最終的「解答」を出すことなど、ありえないからだ。実際、『ミドラッシュ』[359]、『タルムード』[360]と膨大な解釈的営為は続けられ、『タルムード』が完結してからも同様に、今日まで新しい解釈は生まれ続けている。

しかし、シリア宗教も並行法的解釈を受けいれ、中心的な解釈学として十分に活用していることから、ユダヤ教限定の狭い範囲のものではなく、アブラハム宗教の核心に属しうるような、特徴である可能性が高い。思惟構造と思惟内容との関係で言えば、ユダヤ教とシリア宗教という宗教（思惟内容）の違いを超えて、並行法（思惟構造）が共有されていることから、思惟構造のほうが個々の思惟内容よりも深層にあることが分かる。今回は解釈学を検討したが、このようにアブラハム宗教思想は、現代思想に対してすでに大きな影響を与えてはいるが、それを明確に意識することで、それぞれの特徴が明確になり、従来はないがしろにされてきた、前近代の豊かな眠れる宝をより積極的に活用することができるのである。

むすび

本書では、序章で論じたように、宗教を再考しなければならない理由を「(1) 今、なぜ宗教再考か」であげ、まず日本語の狭い意味での「宗教」という語句そのものの問題を指摘し、世界や宗教学における広い意味での「宗教」(宗教性) との間の乖離を論じた。それと同時に、西洋近代発祥の宗教学自体の「西洋性」、「近代性」による偏りの危険性を指摘した。「(2) 要としての中東」では、狭い意味での「宗教」を代表する「アブラハム宗教」の発祥地域としての中東の重要性を指摘し、その中でも西洋のキリスト教と中東のユダヤ教・イスラム教との間に位置し、それを媒介する中心 (要) としてのシリア宗教の存在を指摘した。シリア宗教は西洋のキリスト教とキリスト教を共有し、ユダヤ教とともにイスラム教の元となったからである。そのさい、宗教と地域の風土や「(3) 宗教と言語文化」の密接な関係が論じられた。同じアラム言語文化を共有するアラム宗教として、シリア宗教とユダヤ教は多くの共通点を持っていた。また、ユダヤ教成立以前のヘブライ宗教以来のユダヤ人固有の言語のヘブライ語、イスラム教徒の共通語アラビア語も、アラム語と同じセム語で、この三つは近しい関係にある。それに比べて、西洋キリスト教の共通言語だったギリシア語とラテン語は、まったく別のインド・ヨーロッパ語族に属する。したがって、シリア宗教のなんたるかを明らかにすることで、間接的に他のアブラハム宗教それぞれの固有性も明らかになることが期待できる。
このように、風土と言語文化上の共通性、相違性を重要視しながら、シリア宗教を要に、アブラハム宗教内の相互関係、そしてその他の宗教との関係を第一章から終章まで、様々な観点から比較考察した。シリア宗教を直接的に、間接的に次のようなものと対峙させてきた。

第一章「人間、身体、宇宙」の（1）**宗教と世俗**では、世俗主義、仏教など。（2）**自然と身体**では、プラトン主義を中心とするギリシア哲学、西洋のキリスト教、先住民の宗教をはじめとする自然宗教、中国宗教、仏教、日本宗教など。（3）**死と生**では、儒教、日本宗教、西洋のキリスト教、仏教、アフリカ宗教をはじめとする自然宗教、歴史宗教など。（4）**情と意**では、ギリシア哲学、西洋のキリスト教、日本宗教、儒教、仏教など。（5）**神人共働論**では、日本宗教、西方キリスト教と日本仏教、ロシア宗教哲学など。

第二章「神、知、関係」の（1）**神理解の可能性**では、日本宗教と西洋哲学で、なかでも、存在論、論理実証主義、認識論、不可知論、理神論など。（2）**内在と超越**では、科学主義、仏教、中国伝統思想、現代日本思想、ギリシア宗教、ユダヤ教、イスラム教など。（3）**形象と言語**では、ヘブライ宗教、イスラム教、西洋のキリスト教、仏教、中国伝統思想、日本宗教、神秘主義など。（4）**発見法**では、西洋近代科学、科学哲学、ギリシア的ユダヤ教（フィロン）など。（5）**段階論**では、自然科学、ユダヤ教、反ユダヤ主義、密教、ヒンドゥー教、儒教など。

第三章「世界、歴史、文化」の（1）**新霊性文化と日本宗教**では、科学主義、新霊性文化、仏教を中心とする日本の宗教史、儒教、日本宗教（神道）、スピリチュアリティーなど。（2）**世界宗教と地域宗教**では、マニ教、ゾロアスター教とユダヤ教、イスラム教など。**（３）救済宗教の東西**では、仏教、東方キリスト教、西洋のキリスト教など。**（４）一神教と多神教の間**では、ユダヤ教、イスラム教、西洋のキリスト教、古代宗教、日本宗教、ヒンドゥー教、仏教、道教を中心とする中国宗教など。**（５）多宗教共生への道**では、宗教混淆主義、包括主義、宗教多元主義、中国の三教（儒教、道教、仏教）など。

終章 **（１）前近代の世界観と脱魔術化**では、ユダヤ教、イスラム教、シャーマニズム（トルコ宗教）、西洋のキリスト教など。**（２）近代の自己と他者**では、日本宗教、大乗仏教、ナショナリズム、全体主義、西洋近代哲学、神秘主義、現代ユダヤ思想など。**（３）現代思想における宗教の意義**では、イスラム教、実存主義、ラスタファリ運動、西洋のキリスト教、ユダヤ教など。

このうち、中東のものは、ゾロアスター教、マニ教、ユダヤ教、イスラム教、ヘブライ宗教などである。西洋のものは、世俗主義、プラトン主義を中心とするギリシア哲学、西洋のキリスト教（西方キリスト教と東方キリスト教）、西洋近代科学、西洋哲学、科学主義、ギリシア宗教、スピリチュアリティー、全体主義、実存主義などである。東洋のものは、仏教（原始仏教、密教、禅仏教、浄土系仏教）、中国宗教（儒教、道教、中国仏教）、中国伝統思想、日本宗教（神道、日本仏教）、現代日本思想、インド宗教（ヒンドゥー教、ジャイナ教）、新霊性文化、シャーマニズムなどで、その他にアフリカ宗教をはじめとする自然宗教、古代宗教、ナショナリズム、ラスタファリ運動、神秘主義などがある。

本書では、特に「宗教」と「世俗」、「西洋」と「東洋」、「一神教」と「多神教」、「近代」と「前近代」、「超越」と「内在」など正と負の価値を帯びた、あい対立する二項を対立的にではなく、総合的に扱ってきた。いずれにせよ、互いに終章（２）の「自己」と「他者」との関係であるから、無関係にはなりえず、安易に統合されるわけにもいかない。

シリア宗教を要として、他のアブラハム宗教と比較をおこなった結果、主に第一章、第二章で比較した西洋のキリスト教とは、名称や形式上の共通点の多さにもかかわらず、思惟構造や言語文化という深層レベルのところで、大きな相違点が見いだされた。特に、終章(3)では解釈学の点で、西洋のキリスト教との違いとユダヤ教との違いの両方を明らかにした。このユダヤ教との違いは、ほぼそのままイスラム教との違いでもある。このように、ユダヤ教、イスラム教は同じ中東のアブラハム宗教として、共有していることが多すぎて、その独自性、相違点を明確化するのは困難である。それでも、ユダヤ教との決定的な相違点は第三章(2)で示した。ユダヤ性そのものは、終章(2)で論じたが、ヘブライ性とアラム性との区別と同様にアラム性とユダヤ性の明確な区別は困難であり、本書の扱う範囲を超える。イスラム教とはその成立以来、今日にいたるまで、社会、歴史、文化を共有してきたため、決定的な相違点を見いだすのがより困難だが、第二章(3)で触れた。東洋の宗教をはじめとするその他の諸宗教とは、アブラハム宗教ほどには接点、共通点はないが、主に第三章でその主要なものを比較考察した。その結果、それぞれの独自性が大きいことは大前提として、それでも意外に接点や共通点も多いことが分かった。

ただ、全体の見取り図を描くことを旨としたので、どうしても個々の細かい独自性や例外まで詳しく扱うことはできなかったので、その点はご容赦願いたい。また、本書の内容は学問的水準を落とさないようにつとめたが、構成は学術的形式をとらず、一般的な形式にした。したがって、シリア語やギリシア語原典からの翻訳は、ほぼすべて拙訳によったが、本書ではできる限り省略したので、それらは本書の元になった拙論を参照されたい。注や原典表示、特に邦語文献以外の参考文献なども、そちらにあげておいた。言うまでもなく、本書は多くの先人たちによっているが、ここで逐一それをあげることはできないからである。ここでは読者の便宜をはかるため、できるだけ日本語で読めるものに限定して、ごく主要な参考文献だけをあげておくが、日本語で適当な類書がない場合は、外国語文献をあげた。最後に、専門用語については、読者の便宜をはかるために、後注形式で用語集をつけておいたので、適宜ご参照願いたい。

主要参考文献

青木健『ゾロアスター教史――古代アーリア・中世ペルシア・現代インド』刀水書房、二〇〇八年。

赤祖父哲二『メタファー新論――宇宙・神・言語』三省堂、一九八七年。

浅利誠／荻野文隆編『他者なき思想――ハイデガー問題と日本』藤原書店、一九九六年。

芦名定道『宗教学のエッセンス――宗教・呪術・科学』北樹出版、一九九三年。

阿満利麿『日本人はなぜ無宗教なのか』筑摩書房、一九九六年。

有賀鐵太郎『キリスト教思想における存在論の問題』創文社、一九八一年。

有馬道子『パースの思想――記号論と認知言語学』岩波書店、二〇〇一年。

タミル・アンサーリー『イスラームから見た「世界史」』小沢千恵子訳、紀伊國屋書店、二〇一一年。

安藤礼二『光の曼陀羅――日本文学論』講談社、二〇〇八年。

――『場所と産霊――近代日本思想史』講談社、二〇一〇年。

――『折口信夫』講談社、二〇一四年。

石井研士『データブック現代日本人の宗教　増補改訂版』新曜社、二〇〇七年。

磯前順一『宗教概念あるいは宗教学の死』東京大学出版会、二〇一二年。

磯前順一／タマル・アサド編『宗教を語りなおす――近代的カテゴリーの再考』みすず書房、二〇〇六年。

岩田慶治『コスモスの思想――自然・アニミズム・密教空間』岩波書店、一九九三年（日本放送出版協会、一九七六年）。

岩田靖夫『神の痕跡――ハイデガーとレヴィナス』岩波書店、一九九〇年。

上枝美典『「神」という謎〔第二版〕――宗教哲学入門』京都（世界思想社）、二〇〇七年。

上村静『宗教の倒錯――ユダヤ教・イエス・キリスト教』岩波書店、二〇〇八年。

上山安敏『宗教と科学――ユダヤ教とキリスト教の間』岩波書店、二〇〇五年。

宇野邦一『他者論序説』書肆山田、二〇〇〇年。

ウンベルト・エコ『セレンディピティー――言語と愚行』谷口伊兵衛訳、而立書房、二〇〇八年。

NHK「文明の道」プロジェクト『海と陸のシルクロード』(NHKスペシャル文明の道 3)、NHK出版、二〇〇三年。

ミルチャ・エリアーデ『聖と俗――宗教的なるものの本質について』風間敏夫訳、法政大学出版局、一九六九年。

ミルチャ・エリアーデ/ヨアン・P・クリアーノ『エリアーデ世界宗教事典』奥山倫明訳、せりか書房、一九九四年。

大野晋『神』(一語の辞典)、三省堂、一九九七年。

サミール・オカーシャ『科学哲学』廣瀬覚訳、岩波書店、二〇〇八年。

小浜善信『九鬼周造の哲学――漂泊の魂』京都(昭和堂)、二〇〇六年。

澤瀉久敬『アンリ・ベルクソン』中央公論社、一九八七年。

鎌田東二『霊的人間――魂のアルケオロジー』作品社、二〇〇六年。

ハンス・G・キッペンベルク『宗教史の発見――宗教学と近代』月本昭男他訳、岩波書店、二〇〇五年。

工藤庸子『ヨーロッパ文明批判序説――植民地・共和国・オリエンタリズム』東京大学出版会、二〇〇三年。

黒田壽郎『イスラームの構造』書肆心水、二〇〇四年。

小島康敬編『東アジア世界の「知」と学問――伝統の継承と未来への展望』勉誠出版、二〇一四年。

子安宣邦『「宣長問題」とは何か』筑摩書房、二〇〇〇年(青土社、一九九五年)。

――『〈新版〉鬼神論――神と祭祀のディスクール』白澤社、二〇〇二年。

佐々木宏幹『憑霊とシャーマン――宗教人類学的ノート』東京大学出版会、一九八三年。

佐々木閑『犀の角たち』大蔵出版、二〇〇六年。

島薗進『スピリチュアリティの興隆――新霊性文化とその周辺』岩波書店、二〇〇七年。

島薗進/鶴岡賀雄編『〈宗教〉再考』ぺりかん社、二〇〇四年。

島薗進他編『宗教学キーワード』有斐閣、二〇〇六年。

島田裕巳『日本人の神はどこにいるか』筑摩書房、二〇〇二年。

清水真木『感情とは何か――プラトンからアーレントまで』筑摩書房、二〇一四年。

辛賢編『宇宙を駆ける知――天文・易・道教』(知のユーラシア 4)、明治書院、二〇一四年。

吹田尚一『西洋近代の「普遍性」を問う――「開かれた歴史主義」のための研究ノート』新評論、二〇〇六年。

末木文美士『日本宗教史』岩波書店、二〇〇六年。

アントニー・D・スミス『選ばれた民——ナショナル・アイデンティティ、宗教、歴史』一條都子訳、青木書店、二〇〇七年。

高神覚昇『密教概論』（改訂新版）、大法輪閣、一九八九年（二〇〇四年）。

竹下節子『無神論——二千年の混沌と相克を超えて』中央公論新社、二〇一〇年。

田中かの子『比較宗教学——「いのち」の探究』北樹出版、二〇〇四年。

棚次正和／山中弘編『宗教学入門』京都（ミネルヴァ書房）、二〇〇五年。

谷隆一郎『人間と宇宙的神化——証聖者マクシモスにおける自然・本性のダイナミズムをめぐって』知泉書館、二〇〇九年。

アラン・ダニエルー『シヴァとディオニュソス——自然とエロスの宗教』淺野卓夫／小野智司訳、講談社、二〇〇八年。

種村季弘『ビンゲンのヒルデガルトの世界』青土社、一九九四年。

土田知則『間テクスト性の戦略』夏目書房、二〇〇〇年。

チャールズ・テイラー『自我の源泉——アイデンティティの形成』下川潔他訳、名古屋（名古屋大学出版会）、二〇一〇年。

手島勲矢『ユダヤの聖書解釈——スピノザと歴史批判の転回』岩波書店、二〇〇九年。

エンツォ・トラヴェルソ『全体主義』柱本元彦訳、平凡社、二〇一〇年。

中畑正志『魂の変容——心的基礎概念の歴史的構成』岩波書店、二〇一一年。

中村圭志『宗教のレトリック』トランスビュー、二〇一二年。

中村元『合理主義——東と西のロジック』青土社、一九九三年。

西谷幸介『宗教間対話と原理主義の克服——宗際倫理的討論のために』新教出版社、二〇〇四年。

野内良三『偶然を生きる思想——「日本の情」と「西洋の理」』日本放送出版協会、二〇〇八年。

野家啓一『科学の解釈学』筑摩書房、二〇〇七年（増補版）。

モリス・バーマン『デカルトからベイトソンへ——世界の再魔術化』柴田元幸訳、国文社、一九八九年。

長谷正當『心に映る無限——空のイマージュ化』京都（法藏館）、二〇〇五年。

長谷川三千子『神やぶれたまはず——昭和二十年八月十五日正午』中央公論新社、二〇一三年。

ヒラリー・パトナム『導きとしてのユダヤ哲学——ローゼンツヴァイク、ブーバー、レヴィナス、ウィトゲンシュタイン』佐藤貴史訳、法政大学出版局、二〇一三年。

羽田正『イスラーム世界の創造』東京大学出版会、二〇〇五年。

レナード・E・バレットSr.『ラスタファリアンズ——レゲエを生んだ思想』山田裕康訳、平凡社、一九九六年。

スーザン・A・ハンデルマン『誰がモーセを殺したか――現代文学理論におけるラビ的解釈の出現』山形和美訳、法政大学出版局、一九八七年。

――――『救済の解釈学――ベンヤミン、ショーレム、レヴィナス』合田正一／田中亜美訳、法政大学出版局、二〇〇五年。

R・C・フォルツ『シルクロードの宗教――古代から一五世紀までの通商と文化交流』常塚聴訳、教文館、二〇〇三年。

深澤英隆『啓蒙と霊性――近代宗教言説の生成と変容』岩波書店、二〇〇六年。

藤井淳『空海の思想的展開の研究』トランスビュー、二〇〇八年。

ケネス・E・ベイリー『中東文化の目で見たイエス』森泉弘次訳、教文館、二〇一〇年。

オットー・ベッツ『象徴としての身体』西村正身訳、青土社、一九九六年。

J・ペリカン『東方キリスト教世界の精神　六〇〇―一七〇〇年』（キリスト教の伝統　教理発展の歴史　2）、鈴木浩訳、教文館、二〇〇六年。

オギュスタン・ベルク『風土学序説――文化をふたたび自然に、自然をふたたび文化に』中山元訳、筑摩書房、二〇〇二年。

トーレイフ・ボーマン『ヘブライ人とギリシャ人の思惟』植田重雄訳、新教出版社、一九五七年。

保苅実『ラディカル・オーラル・ヒストリー――オーストラリア先住民アボリジニの歴史実践』御茶の水書房、二〇〇四年。

保坂幸博『日本の自然崇拝、西洋のアニミズム――宗教と文明／非西洋的な宗教理解への誘い』新評論、二〇〇三年。

堀江宗正『歴史のなかの宗教心理学――その歴史形成と布置』岩波書店、二〇〇九年。

町田宗鳳『縄文からアイヌへ――感覚的叡智の系譜』せりか書房、二〇〇〇年。

松尾剛次『葬式仏教の誕生――中世の仏教革命』平凡社、二〇一一年。

バーナード・マッギン『アンチキリスト――悪に魅せられた人類の二千年史』松田直成訳、河出書房新社、一九九八年。

三浦國雄編『術の思想――医・長生・呪・交霊』風響社、二〇一三年。

三木紀人／山形孝夫編『宗教のキーワード集』學燈社、二〇〇五年。

水垣渉『宗教的探求の問題』創文社、一九八四年。

宮本久雄『他者の風来――ルーアッハ・プネウマ・気をめぐる思索』日本キリスト教団出版局、二〇一二年。

村岡晋一『対話の哲学――ドイツ・ユダヤ思想の隠れた系譜』講談社、二〇〇八年。

J・メイエンドルフ『ビザンティン神学――歴史的傾向と教理的主題』鈴木浩訳、新教出版社、二〇〇九年。

本村凌二『多神教と一神教――古代地中海世界の宗教ドラマ』岩波書店、二〇〇五年。

森本和夫『デリダから道元へ』筑摩書房、一九九九年（福武書店、一九八九年）。

森安達也『キリスト教史Ⅲ——東方キリスト教』（世界宗教史叢書 3）、山川出版社、一九七八年。

八木誠一『イエスの宗教』岩波書店、二〇〇九年。

山折哲雄監修『宗教の事典』朝倉書店、二〇一二年。

吉田真樹『平田篤胤——霊魂のゆくえ』講談社、二〇〇九年。

頼住光子『道元——自己・時間・世界はどのように成立するのか』NHK出版、二〇〇五年。

A・M・ルギラ『アフリカの宗教』嶋田義仁訳、青土社、二〇〇四年。

フレデリック・ルノワール『仏教と西洋の出会い』今枝由郎／富樫瓔子訳、トランスビュー、二〇一〇年。

K・レーヴィット『世界と世界史』柴田治三郎訳、岩波書店、二〇〇六年（一九五九年）。

デボラ・B・ローズ『生命の大地——アボリジニ文化とエコロジー』保苅実訳、平凡社、二〇〇三年。

フランツ・ローゼンツヴァイク『救済の星』村岡晋一他訳、みすず書房、二〇〇九年。

Christoph Baumer, *Frühes Christentum zwischen Euphrat und Jangtse. Eine Zeitreise entlang der Seidenstraße zur Kirche des Ostens*, Stuttgart: Urachhaus, 2005.
T. Bou Mansour, *La pensée symbolique de saint Ephrem le Syrien*, Kaslik: L'Université Saint-Esprit, 1988.
Sebastian P. Brock, *The Luminous Eye: The Spiritual World Vision of Saint Ephrem the Syrian*, Kalamazoo: Cistercian Publications, 1992^{2}.
Peter Bruns, *Das Christusbild Aphrahats des Persischen Weisen*, Bonn: Borengässer, 1990.
Philip Jenkins, *The Lost History of Christianity: The Thousand-Year Golden Age of the Church in the Middle East, Africa, and Asia - and How It Died*, New York: Harper Collins, 2008.
Pauly Maniyattu (ed.), *East Syriac Theology: An Introduction*, Satna: Ephrem's Publications, 2007.
M. M. Mitchell, *The Heavenly Trumpet: John Chrysostom and the Art of Pauline Interpretation*, Tübingen: Mohr Siebeck, 2000.

あとがき

本書の内容は、「宗教学概論」の講義ノートに基づいているが、他の講義の内容も一部含まれている。それに加筆、変更をおこなったが、講義自体は即事的な方法を取ってきたので、本書にまとめるにあたって、特に構成をかなり変更してある。それ以外に、一部もしくは全体がすでに発表したものに基づいている箇所の、元になった論文等一覧は、次の通りである。

序章：未発表

第一章　人間、身体、宇宙
（1）宗教と世俗：「宗教生活から生活宗教へ——四世紀シリア・キリスト教の転換」『宗教研究』第三三七号（二〇〇三年）五三―七四頁。
（2）自然と身体：未発表
（3）死と生：未発表
（4）情と意：「クリュソストモスのエウドキア（神の喜び）理解——影響作用史的聖書解釈の試み」『基督教学研究』第二五号（二〇〇五年）一二九―一五二頁。

「アンティオキア釈義学派におけるエウドキア」『パトリスティカ』第一二号（二〇〇八年）五五-七四頁。
（5）神人共働論：「ヨアンネス・クリュソストモスの神人共働論」『基督教学研究』第二八号（二〇〇八年）六五-八七頁。

第二章　神、知、関係

（1）神理解の可能性：『聖書解釈としての詩歌と修辞――シリア教父エフライムとギリシア教父クリュソストモス』教文館、二〇〇四年、第一章。
（2）内在と超越：同書、第一章。
「「ペルシアの賢者」アフラハトの解釈学」『基督教学研究』第一七号（一九九七年）七七-八七頁。
（3）形象と言語：同書、第三章。
「アフラハトにおける神の下降と人間の上昇――解釈学的観点から」『基督教学研究』第一九号（一九九九年）三九-五七頁。
（4）発見法：「ニシビスのエフライムの発見論」『西南アジア研究』第六六号（二〇〇七年）一七-三〇頁。
（5）段階論：『聖書解釈としての詩歌と修辞』、第二章。

第三章　世界、歴史、文化

（1）新霊性文化と日本宗教：未発表
（2）世界宗教と地域宗教：「四世紀イラクにおける地域文化としてのキリスト教――そのマイノリティーとしての自己意識」『基督教学研究』第二四号（二〇〇四年）四九-六四頁。
「アラム系文字伝播史におけるハラホト出土シリア文字文書の意義」『基督教学研究』第三三号（二〇一三

年）一五一－一六七頁。
（3）救済宗教の東西：（書評）「八木誠一著『イエスの宗教』」『宗教研究』第三六四号（二〇一〇年）、一五三－一五九頁。
（4）一神教と多神教の間：未発表
（5）多宗教共生への道：「『大秦景教流行中國碑』における宗教的寛容」、芦名定道編『多元的世界における寛容と公共性――東アジアの視点から』所収、京都（晃洋書房）、二〇〇七年、一二一－一三三頁。

終章
（1）前近代の世界観と脱魔術化：武藤慎一／梅村担編訳「シリア文字文書」、吉田順一／チメドドルジ編『ハラホト出土モンゴル文書の研究』所収、雄山閣、二〇〇八年（第二版）、二三二－二五二頁。
「前近代・北東アジアのキリスト教思想――ハラホト新出土シリア語文書を中心として」『日本の神学』第五三号（二〇一四年）九－二三頁。
（2）近代の自己と他者：未発表
（3）現代思想における宗教性：「ニシビスのエフライムの『創世記注解』における発見法的読み――近代的解釈学の枠組みを超えて」、手島勲矢他『近代精神と古典解釈――伝統の崩壊と再構築』（高等研報告書 1102）所収、京都（国際高等研究所）、二〇一二年、二八五－二九五頁。
「ユダヤ学と聖書学を媒介するものとしてのシリア・キリスト教の解釈学」『京都ユダヤ思想』第四号（二〇一三年）九〇－九三頁。

本書を執筆するにあたって、多くの方々にお世話になったが、逐一お名前をあげると枚挙にいとまがないので、ここでは直接原稿を読んで、コメントをいただいた方々に限定させていただく。仏教をはじめとする日本思想、西洋哲学の京都産業大学の森哲郎教授、中国思想の大阪府立工業高等専門学校の湯城吉信教授、イスラム学の大東文化大学の高野太輔准教授、キリスト教学の西南学院大学の津田謙治准教授、ユダヤ学の東京大学の大澤耕史日本学術振興会特別研究員に深く感謝申し上げる。これらの諸先生には、ご専門分野に関する箇所はもちろんのこと、それを超えて様々なコメントをいただき、おおいに参考にさせていただいた。もちろん、本書に誤りがあれば、すべて著者の責任である。私事になるが、家族全員の協力に感謝する。特に、本書は母に献げる。最後になったが、本書の出版の機会を下さった勁草書房の永田悠一氏に深く感謝申し上げる。特に、本書のタイトルという重要な点で、多くの示唆をいただいた。

二〇一五年三月一五日　左義長祭りの日に

武藤慎一

用語解説（後注形式）

用語解説だけでもページをめくりやすいように，本文と区別して横書きとしたが，形式上は後注形式なので，掲載は本文の登場順とした。２度目以降は，１度目の注番号を参照指示した。１度目の注では，それを逆に指示し直すことで，網羅的ではないが，索引機能も持たせた。なお，できるだけこの用語解説だけ読んでも使用できるように，本文の記述を一部，重複して載せてある。ただ，一般の読者にとって新奇の語句を中心に解説したので，本文中に繰り返し登場する，重要テーマのものはあまり含まれていない。その登場箇所については，「むすび」に記したので，索引代わりに参照されたい。

序　章

（1）今，なぜ宗教再考か

1. **宗教学**　日本語の「宗教学」は，ドイツ語では Religionswissenschaft だが，フランス語や英語ではぴったりと合う類語がない。histoire des religions（仏），comparative religion（英）や最近では，history of religions（英）とでも言うほかないが，フランス語を訳し直すと「宗教史」だし，英語の場合は「比較宗教学」，「宗教史」なので，日本語のニュアンスとは少し異なる内容になってしまう。いずれにせよ，意味としては宗教についての近代的学問のことを指し，「近代的学問」とはいわゆる「客観的」，「価値中立的」に宗教一般を扱うことを旨とするものを指す。← (25, 253)
2. **イスラム教**　最近，イスラム学という学術的分野の専門的文献を中心に，従来の「イスラム教」に代えて「イスラーム」と表記する場合が増えてきたが，本書では従来の表記を使用した。そもそも，原音主義には限界があるし，宗教学としては「イスラム教」に特有の表記を採用すると，他の諸宗教にもそうしなければならなくなるので，収拾がつかなくなると思われるからである。
3. **カルト（英 cult）**　人間の尊厳を侵し，社会に弊害を与える団体を指す。
4. **井上哲次郎（1856-1944 年）**　明治時代の代表的哲学者。東京帝国大学の日本人初の哲学担当教授をへて，大東文化学院第二代総長。「教育勅語」発布後，内村鑑三の不敬事件をうけて，論文「教育と宗教の衝突」などで，キリスト教を徹底的に批判。

「神道は宗教にあらず」　この言説自体は，もともとは明治初期の島地黙雷のもので，

神道の国教化に反対する浄土真宗の立場から，「神道は宗教に及ばない」という意味だったが，井上をブレーンとする明治政府は価値を逆転して，「国家神道は宗教に優る」という意味で用いている。

5. **折口信夫（1887－1953 年）**　民俗学者にして，国文学者。主著は『古代研究』。歌人としても，釈迢空という名で多数の作品を残した。作家として，生前に完成させた唯一の小説『死者の書』に現れているように，死を最大の関心事とした。柳田国男と出会い，戦前の沖縄でフィールドワークをおこなって，ニライカナイなど，海の彼方の楽土から来訪する「まれびと」を発見した。安藤礼二によれば，エリアーデはこの「まれびと」論の間接的影響で，「ヒエロファニー」概念を提唱した，という。これによって柳田と決別し，生前においても魂は体の外にあって，鎮魂によって体の中に入る，とする魂の外在説を唱えた。戦後は，言霊を産出する「産霊」という神を重視し，神道宗教化論を唱えた。← （32, 68, 103, 154, 191）

6. **科学主義**　科学至上主義，科学絶対主義，ともいう。前近代までの有機的自然観をバラバラに分断してしまった，心身二元論，合理主義，機械論的自然観などを特徴とする，西洋近代科学を信じる立場。程度にもよるが，科学を絶対視する立場までいくと，その点では擬似宗教と言える。近代では支配的だったが，現在はますます深刻化している環境問題の元凶と見なされ，その世界観は限界に近づき，影響力が弱まってきている。← （14, 164, 229, 237, 307）

7. **ミルチャ・エリアーデ（1907－1991 年）**　20 世紀最大の宗教学者。つまり，他の学問に還元されない，宗教学固有の（羅 sui generis）学者としては，史上最大の宗教学者。ルーマニア出身で，フランスやアメリカで活躍する。主著は，『世界宗教史』（未完）。宗教固有の領域を「聖なるものの現れ」（ヒエロファニー）として，宗教現象学を確立した。他にも，「宗教人」，「永劫回帰」，「宇宙樹」，原初的宗教観念としての「天空の至上神」など，多くの宗教学的概念を提唱した。← （62, 99, 181）

8. **自然宗教**　自然の要素が特に大きい，自然発生的宗教のこと。特定の創唱者がいない宗教。← （55）

9. **創唱宗教**　ゴータマ・ブッダの仏教のように，特定の創唱者がいる非自然発生的宗教。

10. **非宗教性**　20 世紀初頭に，フランスで導入された制度。導入当時は，公共の場の非宗教化が主眼とされていたが，現在は諸宗教の平等，信教の自由，政教分離という趣旨が合意されている。

11. **無神論**　古代から存在していたが，特に西洋近代で，強力な宗教の存在を前提として生まれた，それに対する強い拒否反応を指す。キリスト教がこれを用意したので，「キリスト教無神論」とも言える。

12. **デューイ（1859－1952 年）**　アメリカのプラグマティズムの代表者の１人。『民主主義と教育』をはじめとする様々な領域の著書があるが，そのうちの１つ『誰でもの宗教』で，現代では特定の宗教が役割を終えたとしても，人間として究極的意味を持つ，自分をすべて賭けられるようなものは，なおも残る。それが，だれもが持っている，持つべきものとしての「宗教的なもの」である，と述べている。

13. **パウル・ティリッヒ（1886-1965年）** ナチスを批判して，アメリカに亡命したドイツ人宗教学者。主著は『組織神学』。他に，『永遠の今』など。「擬似宗教」や「準宗教」，「究極的関心」など，宗教学の様々な概念を提唱し，宗教間対話にも積極的に取り組んだ。← (51, 106)
14. **科学至上主義** → (6) 科学主義
15. **再聖化** 再宗教化。一度，非宗教化したものが，再び宗教化すること。← (333)
16. **ポスト・コロニアリズム** 15世紀以降の西洋諸国による植民地主義が残した，文化的諸問題を批判的に扱う立場。サイード『オリエンタリズム』が1つの出発点となった。カルチュラル・スタディーズ（文化研究）とも，関連が深い。
17. **オリエンタリズム** → (313) エドワード・サイード
18. **ガダマー（1900-2002年）** ドイツの哲学者。ディルタイやハイデッガーの解釈学的哲学を継承する，哲学的解釈学の創始者。主著は『真理と方法』。だれにでも共通する，普遍的「事実」の強制という幻想を捨てて，時代や地域などの限定性を受けいれ，その範囲での限定的「真理」を追求する。この歴史とともに開示される意味理解の方法を「影響作用史」（独 Wirkungsgeschichte）という。← (354)
19. **和辻哲郎（1889-1960年）** 文化史家，思想史家，倫理学者。文化研究にはじまって，後に「間柄的存在」という個人と社会の相即関係に立った，倫理学体系を構築した。主著は『倫理学』。他に，『風土――人間学的考察』，『古寺巡礼』など，著書多数。← (326)
　風土（論） 和辻哲郎が『風土』で，自然も含む地域性の文化への影響を強調したもので，「モンスーン型」，「沙漠型」，「牧場型」の3つに分類した。← (23, 56)

（2）要としての中東

20. **井筒俊彦（1914-1993年）** イスラム思想，比較思想の代表的研究者。様々な言語の思想文献を読み解き，その世界観を分析することを主な手法とした。特に宗教的観点で重要な，中東の思想に即した東西思想の比較，という前人未到の研究をおこなった。著書は『神秘哲学』から『ロシア的人間』，『イスラム思想史』，『意識と本質』など，多数。他に，『クルアーン』の翻訳などがある。← (195)
21. **ヘブライ宗教** ユダヤ人固有の言語はヘブライ語だが，このヘブライ語にちなんで，ユダヤ教成立以前の古代ヘブライ人の宗教をこうよぶ。この二千五百年以上前の，現存しない宗教を詳しく再構成するのは困難である。← (28)
22. **ゾロアスター教** ゾロアスター（ザラスシュトラ）によって創始された啓示宗教。彼は生没年不詳で諸説あるが，おそらく前1000年頃から，長らくペルシア人の民族宗教だった。ササン朝の国教として栄えたが，イスラム化により衰退。現在は，インドを中心に少数のゾロアスター教徒を残す。倫理的二元論，拝火，救世主の到来と最後の審判を最初に導入した終末論，などを特徴とする。聖典は『アヴェスター』。← (129, 244, 299)
23. **『風土』** → (19)

24. **離散（ディアスポラ）** 元来は，ユダヤ人関連用語で，ユダヤ人が前 586 年のバビロン捕囚以降，故地ユダヤを遠く離れて，世界各地に居住したことを指す。
25. **比較宗教学** → (1) 宗教学
26. **アラム語** もともとは，アラム人たちの（北東）セム系の言語。古代アッシリア帝国以来，長い間，中東で広く使用された共通言語で，ユダヤ教でもキリスト教でも，その最初期からアラム語が長らく共通言語として使用されていたが，主にキリスト教で使用された方言をシリア語とよぶ。その後も，現在にいたるまで，少数の人々に母語として使用されている。文字は，古くはアラム文字だったが，時代とともに様々な形に変化していった。これらをアラム系文字といい，世界の主要なアルファベットは，このアラム系文字とギリシア系文字の２系統に分類することもできる。← (246)
27. **イエス・キリスト（前 7/4 ?–後 30 年？）** キリスト教の開祖。ローマ帝国支配下のユダヤで生まれた。30 歳の頃，「神の国」の福音（よき知らせ）を伝える宣教活動をはじめた。特に，愛を強調して，従来のユダヤ教の律法主義を批判したため，指導者層の反感を買い，十字架の刑に処せられた。その後，彼が復活して，救世主（キリスト／メシア）だと信じる人々によって，キリスト教が成立していった。← (29, 206, 212, 256)

（３）宗教と言語文化

28. **ヘブライ宗教** → (21)
29. **キリスト** → (27)
30. **シャーマニズム** シャーマンを中心に営まれる宗教で，特にシベリア，中央アジアに残る。シャーマンとは，トランス状態になることで，神秘家，幻視者，治療者，呪術師などの役割を一身に体現する宗教的職能者である。← (64, 287, 291, 301)
31. **ケーララ州** インド南部のアラビア海側の州。州都は，コチ（コーチン）。シリア宗教が今日でも，命脈を保っている（全人口の２割以上を占める)。← (285)
32. **折口信夫** → (5)
33. **ペルシアの賢者アフラハト** 4 世紀前半のシリア教父。ササン朝ペルシア帝国内のメソポタミア（現イラク）で活躍した。337 年から 345 年に，３回に分けて書かれた，正統派シリア宗教の現存する最古の著作『論証』を残した。← (247)
34. **非カルケドン派（単性論派／一性論派）** 451 年のカルケドン公会議以降，その決定を受けいれなかった，東西シリア教会分裂後の西シリア教会，エジプトのコプト正教会，アルメニア使徒教会，エチオピア正教会などのこと。
　単性論／一性論 キリストの人性ではなく，神性を徹底して強調するキリスト論上の立場。← (123, 268)
35. **ニシビスのエフライム（306 ?–373 年）** シリア宗教を代表する人物。4 世紀にローマ帝国領内のシリアのニシビス，ついでエデッサ（現トルコ）で活躍した。彼は，後の東西シリア両教会で，重んじられている。著書は『楽園賛歌』，『創世記注解』など，多数。← (355)

36. **モプスエスティアのテオドロス（350？-428年）** アンティオキア学派の最高峰の神学者。東シリア教会は彼を「解釈者」とよび，最大の学者とみなす。聖書注解をはじめとする多数の著書を著し，正統派として名声を博したが，弟子のネストリオスが異端とされ，その師として死後100年以上たって断罪されたため，主著『受肉』をはじめとして，ギリシア語原典ではあまり残っていない。←（77, 125）
37. **ヨアンネス・クリュソストモス（349？-407年）** シリアのアンティオキア学派の１人。テオドロスの同学で，はじめ世俗を退避し修道生活に入ったが，後に教会の聖職につき，レトリックを駆使した講話で，人気を博した。最終的には，東ローマ皇帝のお膝元，首都の主教まで昇りつめたが，改革を強行しようとして皇帝周辺の権力者たちの不興を買い，解任，追放され，事実上の殉教を遂げた。残されたギリシア教父最大の著作が，現代にいたるまで読みつがれている。主著は『司祭職』。他に，聖書講話をはじめとして，『アンティオキアの民への講話（立像）』など，多数。←（46, 141）

第一章　人間，身体，宇宙

（1）宗教と世俗

38. **エミール・デュルケム（1858-1917年）** フランスのユダヤ人で，社会学者。宗教社会学の創始者の１人。宗教の集団的側面を重視し，後期の主著『宗教生活の原初形態』で，宗教を「聖と俗」の二分的に分類する思考方法，と定義した。
39. **ルドルフ・オットー（1869-1937年）** ドイツの宗教学者。インド宗教の研究をへて，宗教の持つ非合理的な面を重視し，主著『聖なるもの』で宗教体験における感情に焦点を合わせた。
40. **柳田国男（1875-1962年）** 官僚をへて，日本民俗学の創始者になった。『遠野物語』で有名。戦前の沖縄でフィールドワークをおこなうなどして，日本宗教の神々の最も古い形態を研究した。その後，『先祖の話』，『日本の祭り』，『海上の道』などで，「常民」を研究。←（96, 153, 173）
41. **ウィリアム・ジェイムズ（1842-1910年）** アメリカの心理学者，哲学者。プラグマティズムの代表者にして，宗教心理学の創始者。著書は『宗教的経験の諸相』など。←（116, 202）

回心 個人の生涯における，非宗教から宗教への決定的な移行のこと。したがって，これは「死と再生」ととらえられる。逆に，宗教から非宗教への決定的な移行を「逆回心」とよぶ。←（225）
42. **往相／還相** 特に，浄土系仏教の用語で，往相廻向と還相廻向の略。前者は，俗から聖への移行，後者は聖から俗への移行に当たる。
43. **上求菩提／下化衆生** 前者が菩薩が解脱するまでの下から上への上昇運動であり，後者が衆生を救済するまでの上から下への下降運動である。菩薩とは，大乗仏教において，悟りに達して解脱することが可能になっても，慈悲ゆえに解脱を遅らせて衆生の救済のために働くことを決意した者のこと。
44. **世俗化** 宗教が非宗教に埋没してしまい，宗教そのものの存在意義がなくなった，

と見なされること。この世俗化論は，宗教学で 1970 年代前後に盛んになったが，現在ではあまり語られなくなった。

45. **修道**　キリスト教会を含む世俗社会全体から退くことを選び，結婚して家庭を持たず，財産を捨てて，「宗教のみ」に生きること。ローマ帝国がキリスト教を公認して，世俗の波が教会にまで押しよせてきた，4 世紀に盛んになった。これをおこなう人々を「修道士」という。

46. **ヨアンネス・クリュソストモス**　→（37）

47. **聖化（神化）**　完全化，神人合一（神と自分が一つになった状態），仏教で言えば悟りを開いた状態。たとえば，シリア宗教では西方キリスト教と異なり，人間が現世において，神のように完全になりうることを認めるので，この点は仏教で言えば真言密教と似ている。←（184, 227）

48. **空海（774‒853 年）**　真言宗の開祖。「弘法大師」の諡号で，民間にも広く知られる。平安時代初期に活躍した，日本が生んだ宗教的天才の 1 人で，国際的な評価も高い。同時にその影響は狭い意味での宗教の枠を超えて，日本文化の多岐にわたっている。若くして『三教指帰』を執筆し，当時の（東アジア）「世界」の主要三宗教であった儒教，道教，仏教を比較して論じている。唐の長安に留学し，わずか 2 年あまり滞在した間に，当時最新の密教の奥義を伝授された。多くの経典やマンダラとともに帰国して，密教を伝え，広く社会で活躍した。晩年は，高野山金剛峰寺を開いて，密教の修行の場とし，「法身説法」や「即事而真」など，壮大な真言密教の体系を完成した。主著は『(秘密曼荼羅）十住心論』。他に，『弁顕密二教論』，『性霊集』（しょうりょうしゅう），『文鏡秘府論』など，多数。←（54, 69, 190, 221, 223, 286）

49. **岡倉天心（1862‒1913 年）**　明治時代の美術行政家，美術教育家。フェノロサとともに，日本美術の復興に尽力。『茶の本』の他に，『東洋の理想』などを英語で発表し，東洋思想と美術を世界に紹介した。

50. **ロジェ・カイヨワ（1913‒1978 年）**　フランスの博物学的な思想家。聖なるもの（仏 le sacré）の研究から出発して，人間における神秘的で非合理的な作用を研究した。主著は『神話と人間』。

51. **パウル・ティリッヒ**　→（13）

52. **マルティン・ルター（1483‒1546 年）**　プロテスタントの創始者。ドイツのヴィッテンベルク大学の教授として，宗教改革をはじめた。主著は，『キリスト者の自由』。他にも，『奴隷意志論』など著書，多数。「信仰のみ」，「恵みのみ」，「聖書のみ」，「万人祭司」を唱え，聖書をドイツ語へ翻訳した（ルター訳聖書）。←（134, 138）

53. **パウロ（1 ?‒62 年）**　ファリサイ派に属すユダヤ人で，キリスト教を迫害したあと，キリスト教に回心。「異邦人の使徒」として伝道し，『新約聖書』のうちの最も多くの部分を執筆して，教義の確立につとめた。←（142, 219, 250, 348, 357）

54. **空海**　→（48）

（2）自然と身体

55. **自然宗教**　→（8）
56. **風土論**　→（19）
57. **鈴木大拙（1870-1966 年）**　明治，大正，昭和と活躍した禅仏教者。同学の西田幾多郎と交友。禅仏教を中心とする大乗仏教を英語で世界に紹介した（『大乗仏教概論』など)。「即非」，「一即多，多即一」，「大地性」，「霊性」など，東洋の宗教に根ざした思想を展開した。他にも，『日本的霊性』など著書，多数。←（230, 273, 331）
58. **スピノザ（1632-1677 年）**　オランダの哲学者。ユダヤ人だが，ユダヤ教団から破門される。聖書の学問的研究の他，哲学，政治学を研究。主著は『エチカ』。←（174, 335）

汎神論　『エチカ』によれば，「一にして全」なる神は，精神であり同時にまったく自然そのものでもある（神即自然)。神だけが唯一無限の実体であり，自然をかたちづくる精神や物体は神の属性にすぎない，とされる。

59. **万有在神論**　神は全宇宙を含みこむが，宇宙に尽きるのではない，という考え。
60. **ホメロス**　前 8 世紀頃の古代ギリシア最大の詩人。二大叙事詩『イリアス』と『オデュッセイア』の著者，と伝えられる。
61. **源信（942-1017 年）**　平安時代に盛んになった，浄土信仰の重要な思想家。著書は『往生要集』。浄土に関する宇宙論と念仏を用いた阿弥陀仏の瞑想を精緻化した。
62. **エリアーデ**　→（7）
63. **マルティン・ハイデッガー（1889-1976 年）**　ドイツの実存哲学者。20 世紀最大の哲学者の 1 人。主著『存在と時間』の他，著書多数。「現存在」，「世界内存在」としての人間や「存在者」としての人間に対する「存在」を強調した。他にも，「四域」など，独創的な概念で解釈学的哲学を展開した。←（315, 320）
64. **シャーマニズム**　→（30）
65. **道元（1200-1253 年）**　日本の禅仏教，曹洞宗の開祖。鎌倉新仏教を代表する仏教者。有名な「只管打坐」によって，我執を捨てて，真の自己こそが仏であることに気づく「自力救済」の立場を取っている。他にも，「身心一如」などを説く。主著は『正法眼蔵』。←（72, 139, 165, 196, 226, 231）
66. **ビンゲンのヒルデガルト（1098-1179 年）**　ドイツのベネディクト会修道女。西洋中世最大の女性幻視家。「ドイツ初の女性科学者にして医者」と称され，彼女が見た様々な幻は，『道を知れ（羅 *Sci vias*)』をはじめとする著作にまとめられている。「全一的」（ホリスティック）な立場を代表し，現在でも一般の人々に人気が高い。←（187）
67. **プラトン（前 429-347 年）**　古代ギリシアの哲学者。ソクラテスの弟子。対話篇で，イデア論をはじめとして，ミメーシス論，宇宙論，愛，霊魂の不滅と輪廻，数学の重視などを特徴とするプラトン主義を展開した。死後も西洋哲学に大きな影響を与え続け，中期プラトン主義，新プラトン主義が生まれている。著書は『ソクラテスの弁明』，『饗宴』，『パイドン』，『国家』他，多数。←（118, 198）

68. **折口信夫**　→（5）
69. **空海**　→（48）
　即身成仏　空海が，三密の修行をやり遂げることで，この生身の身体のまま，現世で生きているうちに成仏可能，と唱えたこと。←（228）
70. **三業**　仏教で，身と口と意の３つの働きのこと。密教では，「三密」といって，手に印，口に真言，心に仏の観想，の３つを指す。
71. **修証一等（しゅしょういっとう）**　手段としての修行自体がそのまま，目的である悟りの実現だ，とすること。
72. **道元**　→（65）
73. **イスラム教の行**　五行（信仰告白，礼拝，断食，喜捨，巡礼）のこと。←（147）
74. **受肉**　神が生身の人間になったこと。神が人間の救済のために身体によって下降（適応）したのが，キリストの受肉である。←（183）
75. **神の像としての人間**　神と人間の類似性の問題を扱う，キリスト教人間論の最重要キーワード。『旧約聖書』創世記１章の言葉に基づく。
76. **本居宣長（1730－1801 年）**　国学を大成した国学者。『源氏物語』を研究して，儒学の理知をもってする思考態度（からごころ）を批判。それに，自然な「かんながらの道」を対置し，感性的美（みやび）である「もののあはれ」という，よろずのことにしみじみと感動する「情」を日本宗教の本質，とした。主著は『古事記伝』。←（85, 111, 130, 151, 192, 234）
77. **テオドロス**　→（36）
78. **タントリズム**　一般に，タントラと総称される文献に見られるような，性的儀礼などをおこなう秘密の教えのこと。
79. **歓喜天（聖天）**　チベットなどの後期密教で，重視された仏像。日本でも，双身の歓喜天像は象頭人身の男女が立ったまま抱擁しているものであるが，チベットでは男女が抱きあって性交する姿で表される，性神の面が強く表出している。
80. **房中術**　中国の道教で重んじられた，性交のエネルギーを用いて，不老不死を得ようとする術。
81. **ジャイナ教**　古代インドのゴータマ・ブッダと同時代に現れた６人の自由思想家のうちの１人，ヴァルダマーナ（マハーヴィーラ）が開祖。苦行を伴った厳しい禁欲主義に立つが，特に不殺生が徹底している。インドのマイノリティーとして現存する。文献は膨大で，最古のものは１世紀にさかのぼる。
82. **オルフェウス教**　古代ギリシアの反社会的なディオニュソス信仰の過剰を和らげ，反対の方向に過剰なまでに進んだもの。食べ物や性生活に関する節制を特徴とする。これは，プラトンの反肉体的思想において，大きな役割を果たしている。
83. **マニ教**　３世紀にマニがペルシアでゾロアスター教，キリスト教，仏教を秘教的に融合して，創唱した宗教。ゾロアスター教同様に善悪二元論に基づくが，ゾロアスター教と異なり禁欲主義を旨とする普遍宗教だったので，ソグド人の間を含め広く東西にひろまったが，世界各地で迫害された。遅くとも７世紀には，シリア宗教，ゾロアスター教と同様に，ササン朝ペルシア帝国から中国までやってきていた。その後，中国とその

周辺で何世紀も生きのびたあと，消滅した。← (243, 300)

84. **男女両性具有**　プラトンの『饗宴』の神話などに登場する，いにしえの人間で，男性と女性の両方を兼ねそなえた。その元来１つだった，男性的部分と女性的部分が分離されたため，今でも男女は互いに自分の「片割れ」を慕い求める，という。

85. **本居宣長**　→ (76)

（3）死と生

86. **孔子（前 551−479 年）**　中国の儒教の祖。礼と孝が儒教思想の中心で，漢代から清代までの長きにわたり，中国の政治思想の本流をなしていた。彼の言行録に『論語』がある。← (189)

87. **朱熹（朱子）（1130−1200 年）**　中国の南宋の儒学者。「朱子」は尊称。伝統的儒学を継承しつつ，仏教，道教などを摂取して，儒学を理気論を中心とする壮大な哲学大系を持つ「朱子学」として，再構築した。主著は『四書集註』。← (113)

88. **伊藤仁斎（1627−1705 年）**　江戸時代前期の儒者。朱子学のあり方を批判して，孔子・孟子などの原典に忠実に読んでいく古義学の立場から，人倫を重視した。著書は『論語古義』,『童子問』など。

89. **荻生徂徠（1666−1728 年）**　江戸前期の儒者。朱子学の合理主義を批判して，仁斎も批判。孔子・孟子以前の儒教の古典を詳しく読み，古代の言葉を正確に解釈する古文辞学を唱えて，政治的道徳学を構築した。著書は『論語徴』,『弁道』,『弁名』など。

90. **新井白石（1657−1725 年）**　江戸前期の政治家，主知主義の立場に立つ屈指の思想家。著書は『鬼神論』の他,『読史余論』,『西洋紀聞』など。← (152)

91. **平田篤胤（1766−1843 年）**　江戸後期の国学者。復古神道の教説を整備して，国学を１つの運動まで高めた。特に，神道は現世中心主義だったため，脆弱だった,「死」と「死後の生」の問題に,「現世での霊魂の存続」という解決を与えて，仏教ばかりか従来の神道なども批判した。門下の佐藤信淵らによって，尊王攘夷運動が展開された。主著は『霊能真柱』。← (97, 112, 150, 235, 274)

92. **山片蟠桃（1746−1821 年）**　江戸後期の経済論者。大坂の懐徳堂学派の町人学者として，家業とともに学業にもつとめた。主著は『夢之代』。

93. **荘子**　→ (278) 老荘思想

94. **バタイユ（1897−1962 年）**　フランスで小説，評論を発表。主著『無神学大全』三部作と『呪われた部分』三部作で，キリスト教とプラトン主義と格闘した。

95. **アリストテレス（前 384−322 年）**　古代ギリシアで，師プラトンのイデア論を批判し，形相・質料概念による独自の存在論と中庸概念に基づく徳論を中心とする倫理学を展開した。論理学も創始するなどして,「万学の祖」とよばれる。著書は『ニコマコス倫理学』,『政治学』,『形而上学』など，多数。死後も，その著書はギリシア語世界はもちろん，シリア語，アラビア語世界をへて，中世ラテン語世界のスコラ哲学に多大な影響を与えた。← (121, 200)

96. **柳田国男**　→ (40)

97. **平田篤胤**　→（91）
98. **オリゲネス（184/5-253/4年）**　アレクサンドリアやカイサリアで活動した，キリスト教の教師。アレクサンドリア学派の代表で，聖書の寓意的解釈を進めて，キリスト教とギリシア哲学との融合をはかった。最後は，殉教した。主著は『諸原理』，『ケルソス反駁』。他にも，聖書注解をはじめとする，著書多数。
普遍救済説　悪や罰は教育的な意味を持ち，浄化も代々継続するので，最終的には，だれでも，悪魔でさえも全員が救われる，とする考え。オリゲネスは，この「アポカタスタシス」などの教説ゆえに，死後三百年たって異端として断罪された。
99. **エリアーデ**　→（7）
100. **西田幾多郎（1870-1945年）**　日本哲学の第一人者にして，西田哲学の創始者。東洋ではじめて西洋哲学を十分摂取した上で，独創的な哲学を打ちたて，禅仏教の思想を背景に，京都学派を形成した。『善の研究』の「主客未分の純粋経験」にはじまって，述語的論理としての場所論をへて，晩年には「絶対無」に展開していった。他に，「絶対無の自己限定」，「永遠の今」，人間の「絶対自由意志」，「絶対矛盾的自己同一」，「不連続の連続」，「逆対応」などの概念を特徴とする。←（120, 160, 169, 182, 261, 271, 305, 330）
101. **アンリ・ベルクソン（1859-1941年）**　フランスのユダヤ系哲学者。人間の自由を重視して，「生の跳躍（仏 élan vital）」から「愛の跳躍（仏 élan d'amour）」へ移行する生命観念を中心にすえた哲学を展開した。著書は『時間と自由』の他，『道徳と宗教の二源泉』，『笑い』，『創造的進化』など。←（178, 216）
102. **フリードリッヒ・シェリング（1775-1854年）**　ドイツ・ロマン主義を代表する哲学者にして，ドイツ観念論を代表する哲学者でもある。若くして天才的哲学者，その後，長い停滞期間をへて，ベルリン大学に招聘される。自然に内在する能動性に着目した自然哲学を構想した。著書は『人間的自由の本質』，『世界年代』など。
103. **折口信夫**　→（5）
104. **ユング（1875-1961年）**　スイスの精神科医。フロイトと決別して，分析心理学（ユング心理学）を創始した。心理臨床実践としては，自我意識が過剰となることで失われた全体性を回復し，「自己」（本当の自分）へ人格を統合することを目指した。著書は『分析心理学』他，多数。←（179）
元型　ユングが，神話を共時的にとらえて着目した，時空を超える共通性で，ただたんに個人の無意識だけではなく，集合的無意識の産物として繰り返し現れる象徴のこと。
105. **（ヒッポの）アウグスティヌス（354-430年）**　ラテン教父最大の神学者。カトリックをはじめとする西方キリスト教全体を代表する神学者でもある。「西欧の父」と称され，宗教の枠を超えて様々な面で影響を及ぼす。自伝の『告白』によると，若いときにマニ教徒になり，新プラトン主義をへて，キリスト教に回心。晩年は，救済における人間の自由意志の果たす役割を強調したペラギウスを「神人共働説の異端」として，徹底的に批判。ヒッポの司教として，「ドナティスト論争」で，分派のドナティスト派教会も批判。残された著書はラテン教父最大だが，主著は『神の国』。他に，『三位一体論』，『キリスト教の教え』など，多数。←（117, 133, 140, 143, 353）

106. **ティリッヒ**　→（13）

（4）情と意

107. **寓意的解釈**　「比喩的解釈」,「霊的解釈」ともよばれる。テクストを文字通りの意味ではなく，その精神的意味で取ること。普遍的で，いわば無時間的「真理」を主張する。どんなテクストでも，解釈者側の思惑を読みこめるため，恣意性が大きい読者中心的解釈。この古代ギリシア哲学に由来する西洋最古の解釈学は，後に予型論的解釈との折衷が主流となって，中世ヨーロッパの解釈学を千年以上もの間，支配することになる。←（345）
108. **ストア派**　前300年頃，ゼノンにより，アテネに創設された哲学派。3代目学頭のクリュシッポスにより，学説の体系化がはかられた。万物を支配しているロゴス（理法）を明らかにし，それに従って生きるべきだ，とされた。パトスから自由になり，「無情念」という不動心の境地に達することが，最大の目標である。
109. **デカルト（1590–1650年）**　フランスの哲学者で，西洋近代哲学の礎を築いた。方法的懐疑によって，機械論的自然観を確立した。彼の「我思う，ゆえに我あり」は，あまりにも有名。主著は『方法序説』。他に，『省察』,『情念論』など。←（312）
110. **北森嘉蔵（1916–1998年）**　日本のキリスト教神学者。戦時中に，『旧約聖書』から「神の痛みの神学」を発見した。そのオリジナリティーは，世界の神学界で認められている。主著は『神の痛みの神学』。他にも著書，多数。
111. **本居宣長**　→（76）
112. **平田篤胤**　→（91）
113. **朱子学**　→（87）朱熹
114. **陽明学**　明代の王陽明の儒教思想。感情を含む，生き生きとしたすべての人の心の中から，正しい道理が生まれるとした（心即理）他，知行合一，致良知などを主張した。
115. **シュライエルマッハー（1768–1834年）**　ドイツの神学者，哲学者。「近代神学の父」と称される。近代解釈学の祖でもある。ロマン主義の影響を受けて，個人の体験や宗教心，「絶対依存の感情」など，宗教の主観的な面を重視した。主著は『キリスト教信仰』。他に，『宗教論』など。
116. **ジェイムズ**　→（41）
117. **アウグスティヌス**　→（105）
118. **プラトン**　→（67）
119. **ニーグレン（1890–1978年）**　スウェーデンの宗教哲学者。モチーフ研究で成果をあげる。主著は『アガペーとエロース』。
120. **西田幾多郎**　→（100）
121. **アリストテレス**　→（95）
122. **西谷啓治（1900–1990年）**　京都学派の宗教哲学者。西田幾多郎に師事し，西洋哲学を研究すると同時に坐禅にも励み，東洋の精神的伝統に根ざした，独自の宗教哲学を

築いた。「ニヒリズムを通してのニヒリズムの超克」，つまり大乗仏教の空の立場から，西洋近代のニヒリズム（虚無主義）の克服を試みた（近代の超克）。著書は『宗教とは何か』，『ニヒリズム』他，多数。← (170)

123. **単性論（一性論）** → (34)

124. **両性論（二性論）** 451年のカルケドン公会議で決定されたキリスト論。キリストは真に神であり（神性），同時に真に人間である（人性），とした。

125. **テオドロス** → (36)

126. **親鸞（1173–1262年）** 日本仏教の浄土真宗の開祖。鎌倉新仏教を代表する仏教者。法然の弟子で，信を重視する立場から，独自の浄土教思想を展開した。主著は『教行信証』だが，他に親鸞語録とも言うべき，唯円の『歎異抄』がある。← (137, 259)

127. **ジャック・デリダ（1930–2004年）** アルジェリア出身で，フランスで活躍したユダヤ系思想家。脱構築とよばれる西洋形而上学批判を展開。とかく西洋を特徴づけてきた「ロゴス（理性）中心主義」を批判。著書は『声と現象』，『グラマトロジーについて』，『死を与える』他，多数。← (343, 350)

（5）神人共働論

128. **イマニュエル・カント（1724–1804年）** ドイツの啓蒙主義哲学者。大陸合理論とイギリス経験論の総合をはかって，「近代哲学の大成者」と称される。主著『純粋理性批判』などで批判哲学を創始して，理性の限界を設けた。他に，『実践理性批判』，『判断力批判』など。← (166, 311)

129. **ゾロアスター教** → (22)

130. **本居宣長** → (76)

131. **ニコラウス・クザーヌス（1401–1464年）** ドイツの神秘主義思想家。中世最後の哲学者で，近代最初の哲学者でもある。主著は『知ある無知』。← (168)

132. **神義論（仏 théodicée）** 18世紀初頭の，ドイツの哲学者ライプニッツによる造語。「弁神論」ともいう。神の正義と人間の自由意志との関係での，悪の問題を意味する。

133. **アウグスティヌス** → (105)

134. **ルター** → (52)

135. **法然（1133–1212年）** 浄土宗の開祖。親鸞の師。専修念仏という革新的な教えを唱えた。主著は『選択本願念仏集』。

136. **蓮如（1415–1499年）** 室町時代の浄土真宗中興の祖。父をついで本願寺第8世となり，真宗の再興のために尽力した。

137. **親鸞** → (125)

138. **ルター** → (52)

139. **道元** → (65)

140. **アウグスティヌス** → (105)

141. **クリュソストモス** → (37)

142. **パウロ** → (53)

143. **ペラギウス主義** →（105）アウグスティヌス
144. **ドストエフスキー（1821-1881 年）** ロシアの小説家。ロシアの「国民教導者」，「予言者」と評された。19 世紀ロシアの「病んだ人々」を凝視し続け，20 世紀の多くの人々に影響を与えた。著書は『罪と罰』，『カラマーゾフの兄弟』他，多数。
145. **ソロヴィヨフ（1853-1900 年）** ロシアの哲学者，神学者，詩人。彼の思想は，「ソフィア論」と言われている。『神人性に関する連続講義』（『神人論』）で，有名になった。
146. **十戒** ユダヤ教の教典『トーラー』（『旧約聖書』のモーセ五書）の出エジプト記によれば，エジプトで奴隷状態におかれていたイスラエルの民をモーセが率いてパレスチナに向かう途中，シナイ山で神から授かった最重要の戒め。前半が対神関係の規定で，後半が対人関係の規定。
147. **五行** →（73）イスラム教の行
148. **五倫** 儒教の孟子における，社会を作る基本的人間関係のこと。親子の親，君臣の義，夫婦の別，兄弟の序，友人の信のこと。孟子は，これを尊重して生きることが人の道であると説いた。
149. **八正道** 仏教のゴータマ・ブッダが説いた，涅槃を実現するための道。正見，正思，正語，正業，正命，正精進，正念，正定のこと。

第二章　神，知，関係

（1）神理解の可能性

150. **平田篤胤** →（91）
151. **本居宣長** →（76）
152. **新井白石** →（90）
153. **柳田国男** →（40）
154. **折口信夫** →（5）
155. **神の存在証明** 西洋形而上学の根本的問題の 1 つ。アンセルムスの本体論的証明やトマス・アクィナスの経験から出発する証明などあるが，カントはこれらの思弁を人間理性の越権行為として，斥けた。
156. **論理実証主義** 1920 年代にオーストリアとドイツを中心にはじまった一種の哲学的運動。科学的方法への信頼と反形而上学的な傾向を共有している。←（204）
157. **懐疑主義** エピクロス派などのヘレニズム時代の三大哲学派閥の 1 つ。独断や断定を避け，あらゆることについての積極的な判断・主張を控える立場のこと。祖とされるのは，ピュロン（前 365 ?-270 年）。
158. **理神論** 西洋の 16 世紀末から 18 世紀，特に 18 世紀には知識人の間でひろまっていた合理主義的立場で，神の存在は認めるが，現実世界への神の関与には懐疑を表明する。
159. **マルティン・ブーバー（1878-1965 年）** ドイツのユダヤ系思想家。ユダヤ教神秘主義のハシディズムの影響を受けた。数多くの著書があるが，主著の『我と汝』は，

「我とそれ」という三人称単数との関係を批判して，「我と汝」（わたしとあなた）という二人称単数との関係を称揚している。←（327）

160. **西田幾多郎**　→（100）

161. **フランツ・ローゼンツヴァイク（1886−1929 年）**　ドイツのユダヤ系哲学者，教育学者。ユダヤ精神そのものに帰って，ユダヤ神学固有の哲学表現を試みる。その後，難病に犯されて不自由な身になるも，最後までマルティン・ブーバーとともに聖書の翻訳を続けた。主著『救済の星』は，天啓的名著。他に，『健康な悟性と病的な悟性』がある。←（324, 329）

（2）内在と超越

162. **神秘主義**　人間が絶対者をその絶対性のままに，自己の内面で直接体験しようとする立場。様々な宗教で，様々な形で現れているが，その多様性よりも，むしろその類似性に着目すべきである。背景の宗教間の大きな違いや時代による変化にもかかわらず，神秘主義どうしは驚くほど，類似している。←（194, 214, 269, 318）

163. **啓蒙主義**　17−18 世紀の西欧で，近代市民階層の台頭に伴って，広くおこなわれた思想運動で，理性の自律を目標とする。

164. **科学主義**　→（6）

165. **道元**　→（65）

166. **カント**　→（128）

167. **ソクラテス（前 470/469−399 年）**　古代ギリシアの哲学者。街で市民と問答し，善く生きることを説いた。しかし，彼を快く思わない人々によって裁判にかけられ，死刑の評決を甘んじて受けた。

168. **クザーヌス**　→（131）

169. **西田幾多郎**　→（100）

170. **西谷啓治**　→（122）

171. **ニーチェ（1848−1900 年）**　ドイツの思想家。キェルケゴールと並んで，実存哲学の祖。現実を意味も目的もないニヒリズム（虚無主義）の世界ととらえ，この永劫回帰する世界を超人として克服すべき，と唱えた。

172. **南方熊楠（1867−1941 年）**　生物学者，民俗学者，思想家。独学で該博な知識を身につけ，大英博物館東洋調査部員をつとめる。帰国してからは，故郷和歌山県で在野の学者として生涯をすごす。

173. **柳田国男**　→（40）

174. **ソポクレス（前 496−406 年）**　古代ギリシアのアテネの三大悲劇詩人の１人で，悲劇を文芸として完成させた。代表作は『オイディプス王』。

175. **スピノザ**　→（58）

176. **九鬼周造（1888−1941 年）**　哲学者。『「いき」の構造』で解釈学的，現象学的手法によって日本文化の特徴を鋭く分析して，有名になる。さらに，必然性優位の考え方が強かった西洋の伝統に対して，『偶然性の問題』でこれを深く洞察して，必然性を否定

し偶然性の不滅を主張した。
177. **アルベルト・アインシュタイン（1879–1955 年）**　ドイツ生まれのユダヤ系物理学者。特殊相対性理論，ついで一般相対性理論を立てた。各国で活躍した後，反ユダヤ主義のため，アメリカに亡命した。
178. **ベルクソン**　→（101）
179. **ユング**　→（104）
180. **唯識派**　3–4 世紀頃に生まれたインド大乗仏教の学派。あらゆる事象はただ識が変化したものにすぎない，と唱えた。中国をへて日本にも伝えられた（法相宗）。
181. **エリアーデ**　→（7）
182. **西田幾多郎**　→（100）
183. **受肉**　→（74）
184. **聖化（神化）**　→（47）

（3）形象と言語

185. **ハヤトロギア**　日本の教父学研究の先駆者，有賀鐵太郎が提唱した，ヘブライ宗教や古代キリスト教の歴史的本質概念。ギリシア語の「…がある／…である」という静態的な動詞に由来する，ギリシア的なオントロギア（存在論）に対して，ヘブライ語の「…になる」という動態的な動詞（ハーヤー）からの造語。
186. **ムハンマド（570–632 年）**　イスラム教の開祖，預言者。40 歳の頃から没するまでの 20 年間，断続的に神の声を聞く。622 年にメッカからヤスリブに移住し（ヒジュラ），イスラム共同体を作る。彼が伝えた神の言葉は没後，集成され『クルアーン』となる。彼自身の言行録も『ハディース』として編集され，『クルアーン』についで重要視された。
187. **ビンゲンのヒルデガルト**　→（66）
188. **ヴァルター・ベンヤミン（1892–1940 年）**　ユダヤ系ドイツ人。「純粋言語」や「アレゴリー」概念を導入するなどして，ユダヤ神秘主義とマルクス主義を同時に生かした思考を練りあげていった。論文に「ドイツ悲劇の根源」，「複製技術時代の芸術」などがある。ユダヤ人としてフランスに亡命し，ナチス・ドイツに追われる中でスペインに向かったが，国境で足どめされて絶望の中で自殺。遺稿は「歴史の概念について」。←（217, 340）
189. **孔子**　→（86）
190. **空海**　→（48）
191. **折口信夫**　→（5）
192. **本居宣長**　→（76）
193. **マンダラ（曼荼羅）**　如来，菩薩などを一定の形式に配置し，仏の世界を表したもの。主にインド密教で形成され，『大日経』の世界観を示す「胎蔵（界）曼荼羅」と『金剛頂経』のそれを示す「金剛界曼荼羅」は中国をへて日本に伝えられ，「両界曼荼羅」として成立した。←（224, 239）

194. **神秘主義**　→（162）
195. **井筒俊彦**　→（20）
196. **道元**　→（65）
197. **イコノクラスム（聖像破壊運動）**　8世紀前半から843年まで，東ローマ帝国のギリシア正教会で，聖像（イコン）否定論者たちがイコン破壊運動を約1世紀にわたって繰りひろげたことを指す。聖像否定の立場のイスラム教からの影響が指摘され，肯定の立場の西方カトリック教会との分離の原因の1つにもなった。
198. **プラトン**　→（67）

（4）発見法

199. **セレンディピティー**　自分が当初，別のことを意図して行動したにもかかわらず，それは必ずしもうまくいかなかったとしても，意図していなかったことが，思いがけず当初の意図とは別の発見をもたらすこと。偶然による幸福な発見。
200. **アリストテレス**　→（95）
201. **パース（1839–1914年）**　アメリカの哲学者で，プラグマティズムの創始者。記号論を構想した先駆者で，「アブダクション」という発見法的な推論を導入したが，同時代の人々には評価されなかった。
202. **ウィリアム・ジェイムズ**　→（41）
203. **トーマス・クーン（1922–1996年）**　アメリカの科学史家，科学哲学者。従来の直線的な進歩を基調とした科学観に代わって，「パラダイム・シフト」による根本的な変化が定期的に生じる，という非連続的な科学観を提示した。
204. **論理実証主義**　→（156）
205. **アレクサンドリアのフィロン（前25–後45/50年）**　ユダヤ人哲学者。ヘブライ思想の伝統を継承しつつも，プラトン主義をはじめとするギリシア哲学の教説を援用した。この2つを融合して，モーセ五書を寓意的に解釈した多くの著書は，キリスト教教父たちに多大な影響を与えた。
206. **イエス**　→（27）

（5）段階論

207. **フェティシズム（仏 fétichisme）**　18世紀フランスの造語で，呪物崇拝のこと。聖なる事物（神格化された物的対象），それをめぐる祭祀体系，タブーの体系の3つの側面からなる。
208. **アニミズム**　19世紀にエドワード・タイラーが，「霊魂（羅 anima）」から造った宗教学用語。直訳すれば「霊魂主義」という，すべてのものに宿る霊魂的存在への信仰という意味だが，西洋近代の「未開」宗教に対する偏見から，宗教進化の階梯の最下層に位置する宗教を指す。この用語は，日本宗教についても適用されてきた。←（240, 302）

209. **トーテム説**　デュルケムによって提唱された説。トーテミズム説ともいう。トーテム記号，聖なる動物種，トーテム信念を受けいれる氏族の３項からなる。
210. **マナ説**　マナという非人格的な力の存在を信じること（アニマティズム）。
211. **マックス・ヴェーバー（1864−1920 年）**　ドイツの社会学者。業績は多岐にわたるが，特に宗教社会学の分野では，『プロテスタンティズムの倫理と資本主義の精神』が名高い。

（宗教的）カリスマ「恵み」を意味するギリシア語だが，宗教社会学用語では，特別な宗教的能力を持つ人のこと。← (295)
212. **イエス・キリスト**　→ (27)
213. **ゴータマ・ブッダ（前５−４世紀頃）**　インドで活躍した仏教の開祖。初期仏典に限定しても，伝説的伝記や教説に満ちていて，確定的に言えるものはないが，おそらく出家して悟りを開き，その内容を説法して，後の仏教をひろめた。← (255)
214. **神秘主義**　→ (162)
215. **カール・ポパー（1902−1994 年）**　オーストリア生まれのユダヤ系哲学者。イギリスで活躍した。彼の批判的合理主義の中心には，あらゆる科学活動の反証可能性がある。著書は『自由社会の哲学とその論敵』２巻，『歴史主義の貧困』など。
216. **ベルクソン**　→ (101)
217. **ベンヤミン**　→ (188)
218. **審神者（さにわ）**　解釈者や代弁者，伝達者，宣教者のこと。宗教的カリスマと一般の人々の間に立つ伝達者の，日本の伝統的な言い方。カリスマの特殊な言葉を理解して，それを一般の人々でも分かるような言葉に変えて伝える役割を果たす。
219. **パウロ**　→ (53)
220. **フロイト（1856−1938 年）**　オーストリアのユダヤ系精神医学者。ヒステリー，神経症などの臨床経験から，無意識に関する理論を中心とする精神分析を創始した。著書は『夢判断』，『トーテムとタブー』，『精神分析入門』，『人間モーセと一神教』など。← (338)
221. **空海**　→ (48)
222. **反ユダヤ主義**　ユダヤ教徒，ユダヤ人への敵意，憎悪，迫害，偏見のこと。すでにキリスト教誕生以前の古代から存在していたが，４世紀にキリスト教がローマの国教となってから，顕著になってきた。ただ，この時代は両宗教間に障壁を築いて，ユダヤ教の影響からキリスト教を守ろうとするものだった。中世になって，キリスト教の影響力が浸透するにつれて，激しくなった。
223. **空海**　→ (48)
224. **マンダラ**　→ (193)
225. **回心**　→ (41)
226. **道元**　→ (65)
227. **神化**　→ (47)
228. **即身成仏**　→ (69)

第三章　世界，歴史，文化

（1）新霊性文化と日本宗教

229. **科学主義**　→（6）
230. **鈴木大拙**　→（57）
231. **道元**　→（65）
232. **日蓮宗**　日蓮（1222–1282年）を開祖とする，鎌倉新仏教の宗派。日蓮は1253年，教団を創建。法華信仰至上主義の立場から，浄土教などを批判したため，何度も迫害される。主著は『立正安国論』。
233. **最澄（767–822年）**　日本天台宗の開祖。中国天台宗を学ぶために遣唐使で唐に渡ったが，入唐後に密教の位置づけが課題となり，法華一乗思想に基づく円・禅・戒・密の四宗の融合が目指された。これは弟子たちによって完成され，鎌倉新仏教の母胎となるものを準備した。平安時代初期に創建された比叡山延暦寺は，後に仏教の聖地とされた。主著は『顕戒論』。←（304）
234. **本居宣長**　→（76）
235. **平田篤胤**　→（91）
236. **ニューエイジ運動**　1970年代，アメリカの西海岸を中心にして，もともとは欧米の従来の科学至上主義，近代性にあきたらない人々が，既成の宗教，キリスト教にも満足できず，第三の道として東洋の瞑想や神秘主義など，宗教から「霊性」の部分を取りだした運動である。
237. **科学主義**　→（6）
238. **脱魔術化／脱呪術化**　マックス・ヴェーバーによる宗教社会学用語。前近代の「魔術（英 magic）」，「呪術」が近代では否定されて，非科学的とされ，自然が魔術的力を失ってきたこと。←（290）
239. **マンダラ**　→（193）
240. **アニミズム**　→（208）
241. **エドワード・タイラー（1832–1917年）**　イギリスの人類学者。彼の「文化」の定義は広く受けいれられ，「文化人類学の父」にして「宗教人類学の父」とも称される。

（2）世界宗教と地域宗教

242. **ソグド人**　紀元一千年期に陸のシルクロード交易に中心的にたずさわり，7世紀前後に最盛期を迎えた。その交易ネットワークは，中央アジアの故地ソグディアナだけではなく，東西アジア全体に及ぶ。彼らの本来の宗教は，ゾロアスター教だったが，一部はマニ教，シリア宗教に改宗した。←（298）
243. **マニ教**　→（83）
244. **ゾロアスター教**　→（22）
245. **ササン朝ペルシア帝国**　メソポタミアを含む広大な版図を有した，強力なペルシア人の帝国。首都は，二重都市セレウキア＝クテシフォン。ゾロアスター教を国教とし

た。3世紀の建国当初から対ローマ戦争を仕掛けてきた。このローマ帝国／東ローマ帝国との対立の構図は，7世紀のイスラム軍による征服・滅亡まで続く。

246. **アラム語**　→（26）

247. **ペルシアの賢者アフラハト**　→（33）

248. **アブラハム**　『旧約聖書』の創世記では神に選ばれて，「あらゆる民族の父」とよばれた人物。いわゆる「アブラハム宗教」の共通の祖とされる。詳しくは，102頁の図「アブラハム宗教におけるアブラハム関係の家系図」を参照。←（352）

249. **族長たち**　アブラハムからその孫ヤコブの12人の息子までとその祖先たち。『旧約聖書』では，その12人の息子が後の十二部族の祖となった，とされる。←（356）

250. **パウロ**　→（53）

251. **アッシリア**　メソポタミア北部にあったセム系のアッシリア人の古代帝国。はじめて，オリエント世界を統一し，最初の「世界帝国」と言われる。首都は，ニネヴェ。

252. **ローマ帝国のキリスト教化**　ローマ帝国は，313年にミラノ勅令によって，キリスト教を公認。長らく続いた迫害の時代が終わった。それから，392年のキリスト教国教化頃まで，多くの人々の改宗が続いた。

（3）救済宗教の東西

253. **宗教学**　→（1）

254. **「大秦景教流行中国碑」**　635年に景教が公式入唐したことを記念して，781年に長安に建立されたもの。景浄述。本文は，3つの部分から構成される。教義的部分，大部分を占める歴史的部分，文学的部分である。←（281, 288）

255. **ゴータマ・ブッダ**　→（213）

256. **イエス・キリスト**　→（27）

257. **三一論（三位一体論）**　アレイオス派に反対して，アタナシオス派が勝利した325年のニカイア公会議で決定された，キリスト教で最も重要な教義で，キリスト教と非キリスト教を区別する基準となる。「父，子，霊」の三者を神とするが，この三者は同時に一者でもある，とする。

258. **キリスト論**　キリスト教で，三一論と並んで重要な教義。イエス・キリストの超越性（神性）と人間性（人性）との関係を論じるもの。特に，ギリシア正教で発展した。これは，第一義的にはイエス・キリスト論だが，同時に人間論でもある。

259. **親鸞**　→（125）

260. **八木誠一（1932年-）**　宗教哲学者，新約学者。浄土系仏教や禅仏教など，仏教とキリスト教との関係を現在，思想的に最も掘りさげて研究している研究者の1人。著書は『イエスの宗教』他，多数。

261. **西田幾多郎**　→（100）

262. **グレゴリオス・パラマス（1296-1356年）**　ビザンツ帝国のヘシュカスム（静寂主義）の修道士。その思想は，「ビザンツ神学最後の輝き」と言われる。彼のエネルゲイア論によれば，確かに人間に知られる「神」は，神そのもの（実体／本質）ではなく，

神の「エネルゲイア」である。しかし同時に,「エネルゲイア」も神である。したがって,現世において神を完全に経験することは可能であるが,逆に来世においても,神の本質を知ることは不可能である。

263. **ペリコーレーシス（相互浸透）** 二者がそれぞれの固有性を完全に保ったままで,同時に深く交流し合うこと。もともとは,三一神の相互関係に関して使われた表現だったが,8世紀のダマスコのヨアンネスがこの考えを完成し,同様にキリスト論にも適用した。

264. **滝沢克己（1909-1984年）** 哲学者,神学者。西田幾多郎とカール・バルトに師事し,東洋と西洋をつなぐ,「インマヌエル（神,われらとともにいます）の原事実」という独自の思想を生みだした。彼によれば,神と人間との関係は,不可分・不可同・不可逆だという。

265. **単意論** イエス・キリストの意志については,人間の意志ではなく,神の意志だけが意志している,とするキリスト論的立場。

266. **単働論** イエス・キリストの働きについては,人間の働きではなく,神の働きだけが働いている,とするキリスト論的立場。

267. **証聖者マクシモス（580-662年）** ギリシア正教会のキリスト論を代表する神学者。ビザンツ皇帝が単性論派との妥協をはかって,単意論や単働論が主張されたときに,カルケドン信条の両性論的キリスト論を徹底して守った。単性論だけではなく,単働論,単意論も否定して,キリストにおいて神の働きと人間の働きの2つの働きがあり,神意と人意との2つの意志があって,あくまで2つがあるからこそ,まことに神,まことに人なのである（両性論),とした。この信念を貫いたため,殉教した。

268. **単性論** →（34）

269. **神秘主義** →（162）

270. **ゲルショム・ショーレム（1897-1982年）** ドイツ生まれのユダヤ人。ユダヤ神秘主義研究の開拓者にして,第一人者。20世紀屈指のユダヤ学者。ベンヤミンと親交を結ぶ。シオニストになって,パレスチナにわたり,ヘブライ大学で教鞭を取る。主著は『ユダヤ神秘主義——その主潮流』。←（328）

271. **西田幾多郎** →（100）

（4）一神教と多神教の間

272. **デュメジル（1898-1986年）** フランスの言語学者,神話学者。インド・ヨーロッパ語族の諸民族の神話を比較研究し,その共通の構造と内容を明らかにした。主著は『神話と叙事詩』。

273. **鈴木大拙** →（57）

274. **平田篤胤** →（91）

275. **『雲笈七籤』** 宋の張君房撰。122巻。1019年に編纂された宝蔵の機要。

276. **『史記』** 漢の司馬遷著。130巻。伝説時代から漢の武帝までの時代を紀伝体で記した歴史書。

277.**『漢書』** 後漢の班固などの撰。100 巻。前漢および新の時代を叙述した歴史書。
278. **老荘思想** 『老子』,『荘子』に表現された思想。戦国の乱世に源があるが，前３世紀はじめ，万物斉同の哲学にはじまり，遊の思想に受けつがれ，以後各方面に発展していった。後漢末以降，神仙とともに民間宗教に取りいれられて，道教の成立と発展をうながした。← (93)
279.**『抱朴子』** 晋の葛洪著。317 年頃なった神仙道教の書。内外篇に分かれ，内篇は神仙思想を骨子として道教を組み立て，外篇は儒教思想を説く。
280. **プロティノス（204/5‒270 年）** エジプト生まれで，新プラトン主義（３‒６世紀）の創始者。オリゲネスは同門。著書は『エンネアデス』。
281.**「大秦景教流行中国碑」** → (254)

（５）多宗教共生への道

282. **宗教混淆主義（シンクレティズム）** 本来は統合を意味し，後にあい異なる見解を和解，融合させようとする試みを指すようになった。無節操・折衷など，軽蔑的なニュアンスで用いられることもある。
283. **カール・ラーナー（1904‒1984 年）** ドイツのカトリック神学者。第二ヴァチカン公会議に神学顧問として参加。「無名のキリスト者」論を唱えて，たとえ名目上はキリスト教徒でない人々でも，実質的にはキリスト教徒に含まれうる，という「包括主義」を主張した。著書多数。
284. **ジョン・ヒック（1922‒2012 年）** イギリス生まれの宗教哲学者。諸宗教間の共通性を強調した「宗教多元主義（英 pluralism)」を唱えた。著書は『神は多くの名前を持つ』など。
285. **ケーララ州** → (31)
286. **空海** → (48)
287. **シャーマニズム** → (30)
288.**「大秦景教流行中国碑」** → (254)
289. **ハンス・キュング（1928 年‒）** スイス生まれのカトリック神学者。カトリック教会からは破門されたが，ドイツのテュービンゲン大学エキュメニズム研究所所長として，キリスト教と世界の諸宗教との交流を深めた。

終　章

（１）前近代の世界観と脱魔術化

290. **脱魔術化／脱呪術化** → (238)
291. **シャーマニズム** → (30)
292. **魔除けの護符** 魔除けのために掲出，あるいは携帯された紙。世界各地で類似したものが見られるが，シリア宗教関係でも最近，近代のシリア宗教の護符がアルメニアで大量に発見されている。これは，もちろん古代では紙ではなく器に刻まれていたのだ

が，おそらく古代メソポタミアにさかのぼる習慣と推測される。
293. **真言（マントラ）** ヒンドゥー教と密教で，様々な形態の瞑想に用いられる定型句。密教では仏の言語をもって仏の内証を表すといって，文字や音声に呪力を認めて，呪文とした。サンスクリットの字句をインドの発音のまま誦する。これを自らの宗教的優越性の根拠として，「真言密教」と称した。
294. **オースティン（1911－1960年）** イギリスの日常言語学派の哲学者。主著は *How to Do Things with Words*。
295. **カリスマ** →（211）
296. **グスタフ・アウレン（1879－1977年）** スウェーデンの神学者。モチーフ研究で成果をあげる。主著は『キリスト教の信仰』，『キリスト教の贖罪論』。
297. **古代メソポタミア宗教** 世界最古の文明を築いたシュメール人が文字によって残した伝承と神々を後来のセム人たちが保持し，再解釈した。まず，アッカド人，ついでアッシリア人とバビロニア人らである。それによると，はじめ自然現象と結びついていた神々は，しだいに人間の姿を取るようになった。神殿は，宗教的施設であると同時に政治的・経済的にも利用され，民衆の様々な必要にもこたえていた。最も重要な神話は『ギルガメシュ叙事詩』。
298. **ソグド人** →（242）
299. **ゾロアスター教** →（22）
300. **マニ教** →（83）
301. **シャーマニズム** →（30）

（2）近代の自己と他者

302. **アニミズム** →（208）
303. **本覚思想** 生滅変化する現象界こそが本来，真の悟りの世界である，とする日本天台宗で展開された思想。後に本来の意味を遠く離れて，非宗教的，反宗教的なただの現状肯定を意味するものとしても使用され，これをキーワードにする過激なグループまで生みだされた。
304. **最澄** →（233）
305. **西田幾多郎** →（100）
306. **宣長問題** 仮構された「古代」の学問的読解によって，仏教や儒教などの外来宗教の影響が及ぶ前の，「純粋な日本」なる領域を創造した，本居宣長による「学問的読解」それ自体が近世（近代）的なナショナリズム的言説である，という矛盾のこと。
307. **科学主義** →（6）
308. **ミシェル・フーコー（1926－1984年）** フランスの哲学者，歴史家，文化批評家。最も影響力のある，ポストモダン理論家。著書は『狂気の歴史』，『知の考古学』，『性の歴史』（未完）など。
309. **中村元（1912－1999年）** 現代日本を代表するインド哲学者，仏教学者，比較文化学者。仏典の翻訳が多数ある他，著書は『古代インド』，『東洋人の思惟方法』 4巻，

『論理の構造』２巻他，多数。
310. **三木清（1897–1945 年）** 哲学者，批評家。西田幾多郎に師事。独自の歴史的，社会的存在論を確立した。戦争末期に検挙，拘留され，敗戦直後に獄死した。著書は『歴史哲学』，『構想力の論理』など。
311. **カント** →（128）
312. **デカルト** →（109）
313. **エドワード・サイード（1935–2005 年）** パレスチナ生まれのアラブ系文芸批評家で，アメリカで活躍した。西欧近代の言説による，非西洋に対する文化的支配を明らかにした，主著『オリエンタリズム』によって，世界的な名声を得た。その影響は，多くのジャンルに及んでいる。←（17, 344）
オリエンタリズム サイードによって批判された，オリエントを見る西洋の知的まなざしの偏向のこと。
314. **フッサール（1859–1938 年）** 現象学を創唱したドイツのユダヤ系哲学者。著書は『論理学研究』，『イデーン』，『ヨーロッパ諸科学の危機と超越論的現象学』など。←（322, 337）
315. **ハイデッガー** →（63）
316. **エマニュエル・レヴィナス（1906–1995 年）** フランスのユダヤ系哲学者。ロシア領リトアニア生まれ。家族を強制収容所で虐殺され，自身もナチス・ドイツの捕虜収容所より生還した。現象学者だったが，同時にそれ以上に本質的にはユダヤ教的思想を代表する１人だったので，フッサールやハイデッガーの現象学を内側から徹底的に批判しえた。主著は『全体性と無限』。他に，『存在するとは別の仕方で』など，著書多数。←（322, 337）
317. **ヘーゲル（1770–1831 年）** ドイツ観念論哲学を完結した，体系的形而上学者。著書は『精神現象学』，『論理学』他，多数。
318. **神秘主義** →（162）
319. **ハンナ・アーレント（1906–1975 年）** ドイツ出身の女性政治学者。ハイデッガーの弟子であり愛人だったが，ユダヤ人だったため，フランスをへてアメリカに亡命し，その後アメリカで活躍した。著書は『全体主義の起源』，『人間の条件』，『エルサレムのアイヒマン』など。
320. **ハイデッガー** →（63）
321. **レヴィナス** →（316）
322. **フッサール** →（314）
323. **ヴィトゲンシュタイン（1889–1951 年）** 20 世紀最大の哲学者の１人。オーストリアのウィーンに生まれたユダヤ人で，イギリスで活躍した。その思想は，『論理哲学論考』を中心とする前期と『哲学探究』を中心とする後期に分かれる。前期は論理実証主義に，後期は日常言語学派に，それぞれつながっていった。
324. **ローゼンツヴァイク** →（161）
325. **『トーラー』** 「律法」，「教え」という意味のヘブライ語。ヘブライ語聖書『タナハ』（『旧約聖書』と同じ）の中心の，モーセ五書のこと。今日にいたるまで，ユダヤ教

の究極的なより所の教典。←（358）
326. **和辻哲郎**　→（19）
327. **マルティン・ブーバー**　→（159）
328. **ショーレム**　→（270）
329. **ローゼンツヴァイク**　→（161）
330. **西田幾多郎**　→（100）
331. **鈴木大拙**　→（57）

（3）現代思想における宗教の意義

332. **アガンベン（1942年–）**　イタリアの哲学者。現在のヨーロッパを代表する哲学者の１人。宗教的なテーマを扱った著作が多いが，特に『残りの時』では，パウロのメシア論を読み解いている。著書は他にも，『瀆神』，『ホモ・サケル——主権権力と剝き出しの生』，『王国と栄光——経済と支配の神学的系譜学のために』などがある。
333. **再聖化**　→（15）
334. **レヴィナス**　→（316）
335. **スピノザ**　→（58）
336. **カール・マルクス（1818–1883年）**　ドイツ生まれのユダヤ人。マルクス主義の創始者で，ロンドンに亡命した。著書はエンゲルスと共著の『共産党宣言』，『資本論』他，多数。マルクス主義者としては，他にもローザ・ルクセンブルク，トロツキー，ブロッホ，ルカーチ，ホルクハイマーなど，ユダヤ系が多かった。
337. **フッサール**　→（314）
338. **フロイト**　→（220）
339. **ジャック・ラカン（1901–1981年）**　ユダヤ系精神分析学者。フランス構造主義の中心人物の１人。主著は『エクリ』。彼の著作は，フロイトの著作を拡張した理論と見ることもできる。
340. **ベンヤミン**　→（188）
341. **レヴィ＝ストロース（1908–2009年）**　フランスのユダヤ系人類学者，文化理論家。構造主義運動の最重要人物の１人。著書『野生の思考』で構造主義ブームを引きおこして，人文学に大きな影響を与えている。他に，『神話論理学』など。
342. **ジュリア・クリステヴァ（1941年–）**　ブルガリア生まれのユダヤ人。フランスでフェミニスト精神分析家，言語学者，理論家，批評家として，「間テクスト性」概念を造るなど，多方面で活躍している。
343. **デリダ**　→（127）
344. **サイード**　→（313）
345. **寓意的解釈**　→（107）
346. **ルドルフ・ブルトマン（1884–1976年）**　ドイツのプロテスタント神学者。実存主義の立場に立ち，「非神話論化」で一世を風靡した。カール・バルトと並んで20世紀最大の神学者の１人。新約聖書学関係を中心に『イエス』など，著書多数。

非神話論化　ブルトマンの実存的解釈のこと。日本では，「非神話化」と訳される場合が多いが，厳密に言えば誤りで，むしろ「再神話化」（ポール・リクール）に当たる。
347. **ラスタファリ運動**　20世紀前半に，マーカス・ガーヴェイの予言により，ジャマイカではじまった汎アフリカ主義とメシア思想に彩られたアフリカ帰還運動。「生き神」とされた最後のエチオピア皇帝ハイレ・セラシエ死亡後は，多くの分派に分裂した。
348. **パウロ**　→（53）
349. **キェルケゴール（1813–1855年）**　デンマークの哲学者，キリスト教思想家。ニーチェと並んで，実存哲学の祖。著書は『あれかこれか』，『不安の概念』，『死に至る病』など。
350. **ジャック・デリダ**　→（127）
351. **長谷川三千子（1946年–）**　哲学者。保守思想の論客。近著『神やぶれたまはず——昭和二十年八月十五日正午』で，『旧約聖書』のイサク奉献も扱っている。聖書解釈関係では，他に『バベルの謎——ヤハウィストの冒険』がある。
352. **アブラハム**　→（248）
353. **アウグスティヌス**　→（105）
354. **ガダマー**　→（18）
355. **ニシビスのエフライム**　→（35）
356. **十二部族長たち**　→（249）族長たち
357. **パウロ**　→（53）
358. **『トーラー』**　→（325）
359. **『ミドラッシュ』**　ユダヤ教の聖書解釈の集成。うち，ハラハー（法的解釈）は3世紀半ばまでにアモライーム（3000人のラビ）によって集成され，物語風の説明から生みだされたハガダー（アガダー）は，それ以降徐々に集成された（5–12世紀)。
360. **『タルムード』**　『ミシュナー』に対するアモライームによる議論と注解の集成。エルサレム・タルムードとバビロニア・タルムードがある。前者は，400年頃に編纂され，後者は5世紀までに編纂された。

武藤慎一（むとう しんいち）

1967年，秋田県生まれ。1997年，京都大学大学院文学研究科博士後期課程修了（宗教学専攻）。博士（文学）。大阪府立工業高等専門学校講師，同助教授を経て，現在は大東文化大学文学部准教授。専門は，宗教学（シリア学，解釈学，教父学）。

宗教を再考する　中東を要に、東西へ

2015年6月20日　第1版第1刷発行

著　者　武　藤　慎　一

発行者　井　村　寿　人

発行所　株式会社　勁《けい》　草《そう》　書　房

112-0005 東京都文京区水道 2-1-1　振替　00150-2-175253
（編集）電話 03-3815-5277／FAX 03-3814-6968
（営業）電話 03-3814-6861／FAX 03-3814-6854
平文社・松岳社

ISBN978-4-326-10247-1　　Printed in Japan

＊落丁本・乱丁本はお取替いたします。

http：//www.keisoshobo.co.jp